HISTOIRE

DE

LA COOPÉRATION

A NIMES

ET SON INFLUENCE SUR LE

MOUVEMENT COOPÉRATIF EN FRANCE

PAR

DE BOYVE

───~~~───

PARIS
GUILLAUMIN ET C⁰, ÉDITEURS
14, rue Richelieu, 14.

──

1889

L'ÉMANCIPATION

JOURNAL D'ÉCONOMIE POLITIQUE ET SOCIALE

Organe des Associations ouvrières
et du Centre régional coopératif du Midi

Paraissant à Nimes le 15 de chaque mois.

ABONNEMENT ANNUEL

France et Alsace........................ **2 fr.**
Étranger............................... **3 »**

Rédacteur en chef,	Gérant,	Administrateur,
De BOYVE,	J. BESSON,	Th. THOLOZAN,
2, Esplanade,	17, rue des Saintes-Maries,	8, Grand'rue,

NIMES

Les deux premières années de *l'Émancipation* réunies et reliées ensemble forment un volume des plus intéressants.

L'administration tient un certain nombre de ces collections à la disposition des sociétés coopératives et des personnes qui lui en feront la demande, au prix de 5 fr., franco de port et d'emballage.

Ce prix de 5 fr. représente à peine la valeur des deux années de *l'Émancipation*, du prix de la reliure et de l'expédition, par colis postal, de cette collection, qui sera bientôt introuvable.

On trouve chez MM. GUILLAUMIN et Cⁱᵉ, rue Richelieu, 14, Paris :

Histoire et organisation de la Coopération en Angleterre,
par DE BOYVE.

Et aux bureaux du journal l'ÉMANCIPATION, à Nimes :

L'Avenir de la Coopération, par Charles GIDE.

HISTOIRE

DE

LA COOPÉRATION

A NIMES

ET SON INFLUENCE SUR LE

MOUVEMENT COOPÉRATIF EN FRANCE

PAR

DE BOYVE.

PARIS

GUILLAUMIN ET Cᵢₑ, ÉDITEURS

14, rue Richelieu, 14.

1889

HISTOIRE DE LA COOPÉRATION

A NIMES

L'impulsion qui a été donnée au mouvement coopératif en France par les coopérateurs nimois nous a engagé à faire connaître les principes qui les ont guidés. Ce sera la meilleure démonstration de la puissance de l'instruction économique et sociale et de l'Association pour transformer les hommes et les rendre capables de s'oublier eux-mêmes quand ils poursuivent une pensée élevée : le relèvement social de la classe ouvrière à laquelle ils appartiennent.

Puisse cette histoire de la coopération à Nimes et des premières tentatives de fédération des Sociétés Coopératives de France convaincre les coopérateurs de la nécessité d'unir leurs forces pour marcher tous ensemble sous le même drapeau.

Association alimentaire.

Les premiers essais d'association à Nimes furent faits, il y a 30 ans, par M. le pasteur Fermaud, M. d'Espinassous, conseiller à la Cour d'appel, et plusieurs de leurs amis.

Ils organisèrent une association alimentaire destinée

à fournir aux ouvriers, au plus bas prix possible, les objets de première nécessité. Un bénéfice de 2 cent. par kilo des objets fournis était réalisé ; sur ces 2 centimes 1 centime était destiné à l'ouvrier, capitalisé et déposé à la Caisse d'épargne, l'autre centime était destiné à couvrir les frais de gestion. Le centime destiné à l'ouvrier produisait, pour la plupart d'entre eux, un bénéfice de 50 francs par an suffisant pour acquitter une partie de leurs frais de logement.

Cette Société a duré 4 ans.

Nous reconnaissons qu'elle était plus philanthropique que coopérative, plus bourgeoise qu'ouvrière, en ce sens que les administrateurs, appartenant tous à la bourgeoisie, n'étaient soumis à aucune élection.

Avec nos idées démocratiques les associations, dirigées par un Conseil librement élu, sont les seules qui soient fortes et puissent réussir ; ce sont les seules qui puissent être appelées vraiment coopératives.

Le Byèté.

En 1868 la Chambrée *Le Byèté* (1), sous l'impulsion de quelques hommes politiques, créa une Société Coopérative de consommation ; on vendit du charbon, du vin, des légumes et un membre de l'association qui possédait une petite charrette attelée portait le charbon à domicile. Cette association sans racines, sans convictions, mourut l'année de sa naissance par suite de l'indifférence de ses membres.

La Solidarité.

La deuxième tentative fut faite 10 ans plus tard par

(1) Une chambrée est un cercle d'ouvriers composé de 20 membres, mais qui, avec les membres auxiliaires, peut atteindre un chiffre de 60 personnes.

la Chambrée *la Solidarité*, mais, pour faire connaître les principes qui guidèrent ses membres, il faut
retourner en arrière.

Dès sa création la plus grande fraternité régnait dans
cette Chambrée où le jeu et les chants étaient inter-
dits. Son premier acte de solidarité fut de décider que
les membres les plus instruits apprendraient à lire et
à écrire aux plus ignorants. Quatre soirées de la semai-
ne étaient réservées à cette instruction, le samedi était
consacré à l'étude des questions sociales sous la direction d'un citoyen dévoué Auguste Fabre, mécanicien,
lecteur assidu de Fourier et de Saint-Simon.

Ces réunions du samedi étaient fort instructives et la
la discussion se terminait le plus souvent par la lecture
de quelque ouvrage d'économie politique ; le plus lu
était l'histoire des pionniers de Rochdale, par M. Holyoake, traduite en français et résumée par Mme Moret,
devenue plus tard Mme Godin.

Les membres de *la Solidarité* étaient des ouvriers et
leur seule pensée était de rechercher les meilleurs
moyens d'améliorer la condition sociale des travailleurs.
Fallait-il employer les moyens révolutionnaires ou les
moyens pacifiques ? La coopération pouvait-elle conduire au but désiré ? Ces questions préoccupaient vivement les esprits et l'on y revenait sans cesse. Lectures
et faits divers servaient d'aliment à la discussion et
cette instruction mutuelle obligeait les membres de la
Chambrée à raisonner et les garantissait contre ces
théories révolutionnaires si souvent applaudies dans
les réunions publiques, mais qui sont aussi insensées
qu'impraticables.

Le moment vint où d'un avis unanime on reconnut
qu'une révolution sociale, si elle aboutissait, amènerait
l'arrêt complet des affaires et la ruine du pays, et, si au
contraire elle avortait, ferait perdre à la classe ouvrière
tout le terrain gagné si péniblement après tant d'efforts.

L'évolution progressive et pacifique était une voie longue, il est vrai, mais sûre.

La Coopération de consommation, en donnant à l'ouvrier intelligent le moyen de se créer un capital et d'apprendre le maniement des affaires commerciales, lui permettra un jour de s'affranchir du patronat. A la suite de ces réflexions les membres de *la Solidarité* décidèrent qu'ils devaient apporter leur pierre à l'édifice social et, dans cette pensée, formèrent une Société Coopérative de consommation.

Elle prit définitivement naissance après une longue préparation des Statuts fort instructive pour les futurs coopérateurs.

Les principes adoptés furent les suivants : vente au comptant et au prix des détaillants de la ville, distribution des bénéfices au prorata des achats, large part au fonds collectif, ou fonds de réserve.

Les opérations commencèrent en août 1878, elles furent modestes ; le vin était très cher, le phylloxéra avait fait de grands ravages, les vignes étaient dévastées. Boire du vin était, pour l'ouvrier, difficile ; le plus mauvais se payait de 60 à 70 cent. le litre, aussi essayait-on de le remplacer par une boisson faite avec des raisins secs fermentés ; on se cotisa, on acheta pour 6 fr. de raisins secs, on les mit dans un tonneau et on les prépara en suivant les conseils du plus expérimenté du groupe. Cette opération fournit une boisson dont la moitié se distribua, on en retira 3 francs, le restant s'aigrit. Une plaisanterie fit oublier cette mésaventure : « Sur six francs, dirent en riant nos coopérateurs, nous avons mangé 3 francs et nous avons bu le reste ».

La deuxième opération consista à acheter par une pluie battante, par conséquent dans d'excellentes conditions, une charretée de sarments que le propriétaire n'aurait jamais pu vendre par un temps pareil ; c'était un dimanche et les coopérateurs, mouillés jusqu'aux os, rentrèrent leurs sarments eux-mêmes dans leur cave.

Le matériel du magasin fut sommaire, on prit une petite table à la Chambrée, des balances furent prêtées, et deux planches sur le sol protégèrent les légumes de l'humidité.

Le 1er janvier 1879, l'association comptait 28 membres et possédait 252 francs ; trois mois après ils étaient quarante-deux et leur capital s'élevait à 362 francs.

Le magasin était ouvert le soir et les associés vendaient à tour de rôle ; les ventes du deuxième semestre s'élevèrent à 1,460 et donnèrent un bénéfice net de 5 %.

Ces résultats pourraient faire sourire plus d'une personne appartenant à une grande société, mais qu'on n'oublie pas que les membres de *la Solidarité* étaient de pauvres ouvriers, vivant de peu, forts sur la théorie, mais très peu au courant des questions commerciales les plus élémentaires, il y avait encore pour eux, de ce chef, toute une éducation à faire.

Satisfaits cependant de leur première campagne, les ouvriers de *la Solidarité* invitèrent leurs camarades des autres chambrées à venir entendre la lecture de leur rapport ; celles-ci envoyèrent des délégués, et tous les membres présents en décidèrent l'impression et la distribution.

Visite d'un conférencier.

Quelques jours après cette réunion (avril 1879), le citoyen Chabert, devenu depuis conseiller municipal de Paris, ayant été appelé à donner deux conférences à Nîmes sur l'Association, fut invité à venir visiter le modeste magasin de *la Solidarité* et, dans sa deuxième conférence, au cercle de *la Renaissance,* il rendit compte de cette visite et engagea vivement ses auditeurs à imiter leurs concitoyens.

Le conseil fut suivi et la Boulangerie coopérative

La Renaissance commença ses opérations avec 105 membres qui s'élevèrent rapidement au chiffre de 150.

Notre intention n'est pas d'entrer dans de longs détails sur la marche financière des deux sociétés, mais plutôt de signaler les progrès de l'éducation coopérative poursuivie avec tant de suite dans la Société Coopérative *la Solidarité* sous l'impulsion de notre ami Fabre. Ceux qui en faisaient partie avaient appris l'utilité d'une organisation régulière, ils apprirent encore qu'il était plus facile de critiquer que d'agir : quand un des membres de la Société se plaignait du Conseil d'administration ou du Bureau, on s'empressait, aussitôt que l'occasion s'en présentait, de lui donner une place dans le Conseil, et, critiqué à son tour, il s'apercevait bien vite de toutes les difficultés de la direction.

Les femmes étaient hostiles à la Coopération ; l'obligation d'aller faire leurs achats le soir était un dérangement pour elles, la vente au comptant et l'inscription sur le livret les contrariaient en les obligeant à faire connaître à leurs maris leurs dépenses réelles.

On décida d'avoir des réunions mensuelles où les femmes des coopérateurs seraient invitées ; à la première soirée un membre fut chargé de questionner ces dames sur leurs griefs contre le magasin, elles les formulèrent et quand la conversation put devenir générale elle fut instructive pour tous et la Commission des achats elle-même y gagna d'utiles enseignements. Après quelques mois les femmes des coopérateurs avaient perdu toute animosité contre le magasin et même s'y intéressaient.

Le mot de « Solidarité » inscrit sur les murs de la Société inspirait nos coopérateurs, ils venaient au secours de leurs camarades malades ou sans travail et bientôt une *Caisse de prêts d'honneur* sans intérêts vint régulariser cette situation et mettre de l'ordre dans ces prêts.

Les membres les plus intelligents de *la Solidarité* étaient partisans d'un fonds collectif fortement alimenté par les bonis (bénéfices) et ce n'est qu'après plusieurs années de discussion et des votes contraires que la majorité finit par se prononcer dans leur sens. Mais quelle victoire que celle d'avoir décidé des ouvriers, vivant au jour le jour, à ne pas garder pour eux les résultats des opérations de leur magasin et à songer à l'intérêt collectif ! Ne peut-on conclure de ces faits que nous venons d'énumérer que la coopération bien dirigée est une excellente école et que, si tous les français y passaient, le suffrage universel serait souvent plus éclairé ?

Pendant que fonctionnait sans bruit cette minuscule Société Coopérative dont l'existence était ignorée en dehors d'un petit cercle, le secrétaire de la Société de Prévoyance et de Secours mutuels de Nîmes, lecteur assidu des journaux coopératifs anglais, proposait à ses collègues de créer une Société Coopérative de consommation dont les bénéfices ou bonis pourraient être versés dans la caisse de la la Société de Prévoyance.

La proposition fut mise à l'étude et la Société, sur le rapport d'une commission nommée à cet effet, repoussa l'idée de créer une Société Coopérative de consommation dépendante de la Société de secours mutuels, mais elle promit son appui moral à toute tentative coopérative indépendante et engagea le secrétaire à faire un rapport sur la coopération et à le lire à la prochaine assemblée générale.

Afin de faire connaître les principes de cet autre groupe de coopérateurs nimois qui n'avait pas encore été mis en contact direct avec celui de *la Solidarité*, nous donnerons quelques fragments du rapport lu à l'assemblée générale du 30 mars 1883 par M. de Boyve, secrétaire de la Société de Secours mutuels.

. . . .

Puisque j'ai l'honneur de m'adresser à des membres d'une

société de secours mutuels, qui a pour but d'assurer des secours à ses sociétaires malades où infirmes et de pourvoir à leurs frais funéraires, je n'ai pas à leur démontrer les avantages de leur association ; ils les comprennent, puisqu'ils sont entrés dans notre société.

Mon intention est de leur indiquer une autre forme de l'association, une de ses formes les plus simples, — l'association en vue de la consommation, — et d'établir que, par elle, beaucoup d'ouvriers ont pu se créer un capital.

Le système de l'association de consommation repose tout entier sur cette idée : se cotiser pour acheter en gros les objets de première nécessité et de facile conservation, pour les revendre au prix des détaillants de la ville.

La vente porte en général sur les choses nécessaires à la vie, notamment sur le sucre, salaisons, fromage, savon, huile à brûler, bougies, chandelles, café, chocolat, légumes secs, huile d'olive, sel, vin, vinaigre, charbon, bois, fagots. Ce sont, on le voit, des denrées dont la consommation est courante, le débit considérable, les soins de conservation presque nuls. La différence entre le prix du gros et celui du détail, qui peut varier entre 10 °/₀ et 50 °/₀, selon la nature des denrées, constitue le bénéfice qui est réparti au prorata des achats. Ce chiffre des bénéfices que je viens d'indiquer, ne doit pas étonner, car telle marchandise achetée en gros, après qu'elle a passé par les mains de nombreux intermédiaires, commissionnaires, négociants, détaillants, frappés eux-mêmes de charges diverses, patente, loyer, nécessité de forts approvisionnements, intérêts d'argent, etc., arrive parfois doublée, triplée de prix aux mains du consommateur.

En se fournissant soi-même aux meilleures sources, on est sûr d'avoir des marchandises de bonne qualité, et l'on n'a plus à craindre des denrées frelatées, qui sont si nuisibles à la santé.

En vendant soi-même on est assuré d'avoir le poids réel de ce qu'on achète. Bien des ménagères seraient peut-être bien étonnées si on leur disait ce qu'elles perdent, au bout de l'année, sur le poids de leurs achats.

Les sociétés de consommation vendent au comptant, et ce

n'est pas un mince avantage, car le *crédit*, pour les personnes qui possèdent peu, a souvent des conséquences funestes. Il les attire et les expose à de graves périls ! Une fois
enlacées dans les liens que crée la consommation non
payée, ils échappent difficilement aux plus tristes résultats
de la dette ; ils paient cher des produits de qualité infé-
rieure, et en présence de cette dette qui augmente chaque
jour, ils perdent jusqu'à l'énergie nécessaire pour s'en
affranchir.

Mais le plus grand avantage encore des sociétés de con
sommation, c'est de forcer à économiser !

. . . .

L'ouvrier qui commence à avoir des économies les grossit
avec plaisir, ceci est incontestable ; le premier sac de 1,000
francs est plus difficile à avoir qu'une fortune à faire ensuite.
Ce sac de 1,000 francs est à la portée de tous ceux qui viennent régulièrement, pendant un certain nombre d'années,
au magasin coopératif.

On le voit, l'association de consommation est au fond un
procédé de capitalisation, un moyen de prélever sur soi mê
me, avec le moins de volonté et de sacrifices possible, cet
impôt volontaire qu'on nomme l'épargne.

Les sociétés de consommation sont faciles à organiser :
aussitôt qu'on a recueilli un certain nombre d'adhésions, on
procède à la nomination d'un conseil d'administration con-
naissant bien les affaires.

Les commencements doivent toujours être modestes et
les sociétaires peuvent charger les membres de ce conseil
de tenir chaque soir le magasin, deux par deux et à tour de
rôle. La société devient ainsi une école commerciale qui
permet de former de bons administrateurs. Quand la Société
a pris un peu d'extension, on nomme un gérant honnête et
instruit, ayant pratiqué le commerce, soit un homme, une
femme veuve ou la femme d'un ouvrier. Le gérant doit être
rétribué : il achète, vend, tient les écritures et fait toutes les
opérations sous la surveillance du conseil d'administration.
On crée des actions de 50 francs, payables en versements
hebdomadaires de 30 à 50 centimes ; une fois libérées elles
rapportent des intérêts. Tous les trimestres, après avoir

déduit les frais d'administration, la dépréciation du matériel
et l'intérêt du capital social, on partage les bénéfices aux
consommateurs, au prorata de leurs achats, après avoir
retenu une part, aussi forte que possible, pour le fonds de
réserve.

Le rapporteur donne quelques détails sur les Sociétés
Coopératives de Paris, Lyon, Roubaix ; il continue en
ces termes :

Pourquoi n'obtiendrions-nous pas ici les mêmes résultats
qu'à Lyon, à Paris, à Roubaix ? Que faut-il pour cela ?

Des débuts modestes avec des hommes d'un caractère
solidement trempé, s'occupant de l'administration avec
dévouement et décidés à réussir ! Si quelque difficulté se
présente, si une année il y a quelques pertes, aucun décou-
ragement ne doit se produire. Aurait-on parfois un magasin
plus près de chez soi ou l'on trouverait des denrées à meilleur marché, le magasin coopératif ne doit pas être aban-
donné.

Dans ce dernier cas c'est de vous, Mesdames, que dépend
le sort des sociétés de consommation — ralliez vous de tout
cœur au mouvement, considérez le magasin que nous pourrons former ensemble comme le vôtre, songez au capital
qu'il dépend de vous de créer ! S'il en est ainsi, le succès est
certain. Quelque difficiles que puissent être les commencements, avec de la persévérance on vient à bout de tout.

Les associations de consommation ont admirablement
réussi en Angleterre, grâces à la ténacité et à l'énergie
des Anglais, tellement qu'en 18 ans, de 1861 à 1883, elles
ont créé dans les classes ouvrières une épargne de 155 millions de francs.

La propriété porte avec elle une qualité précieuse, elle
rend celui qui la possède, plus rangé, plus laborieux ; elle
l'éloigne des distractions funestes, le retient près de son
foyer au sein sa famille et occupe utilement ses loisirs ;
elle augmente l'autorité des parents, qui ont le droit de se
prévaloir du résultat qu'ils ont obtenu et prêchent ainsi

d'exemple à ceux qui profiteront de leur esprit d'ordre et
d'économie.

La femme peut renoncer à la fabrique, trouver un travail qui l'occupe chez elle et qui lui permette de vaquer
aux mille détails du ménage. La présence de la femme,
celle des enfants, la propreté, le confortable, attirent et
retiennent le mari qui finit par se sentir beaucoup plus heureux à la maison qu'au cercle ou au cabaret !

Je viens de vous expliquer, peut-être un peu longue-
ment, ce que c'est qu'une association de consommation.
J'espère vous avoir démontré les nombreux avantages
qu'on pouvait en retirer.

Maintenant, je compte sur tous ceux qui sont au courant
de ces questions pour former le noyau autour duquel nous
viendrons tous nous grouper. Ai-je besoin d'ajouter que
vous pouvez compter sur l'appui et la collaboration de la
plupart des membres honoraires du conseil ! A ce propos
permettez-moi en terminant, Mesdames et Messieurs, de
signaler un avantage des associations où se trouvent réunis membres participants et membres honoraires ! C'est
que les classes s'y confondent, les sentiments s'y fusion-
nent, les relations deviennent plus cordiales en devenant
plus fréquentes ; la différence des positions disparaît.

En discutant les intérêts communs on apprend à se
mieux connaître : il n'y a plus de bourgeois ni d'ouvriers,
mais des amis qui doivent se tendre la main et rester unis,
se souvenant qu'ils font partie de la grande famille humaine
dont les membres doivent s'aimer les uns les autres comme
les fils d'un même Père.

L'assemblée générale ayant décidé l'impression du
rapport, on convint de le faire signer par quelques
membres de la Société de secours mutuels parmi lesquels se trouvait le président, M. Benoît Germain, et
de le faire distribuer en ville.

Le magasin ne fut ouvert que le 4 décembre 1883,
mais pendant ce temps le secrétaire de la Société de
Secours mutuels avait pu se rendre à Paris et visiter les

Sociétés Coopératives : *La Moissonneuse, la Revendication, l'Abeille Suresnoise, le Syndicat des Sociétés coopératives, la Société Coopérative du 18e arrondissement* et recueillir d'utiles renseignements. Il put les compléter en entrant bientôt après en relations suivies avec M. Auguste Fabre, trésorier de la Société Coopérative *la Solidarité* de Nîmes.

Enfin, il fut décidé de convoquer une grande réunion pour entendre une nouvelle conférence (1) sur la coopération, à la suite de laquelle on ferait un appel aux auditeurs dont on recueillerait, séance tenante, les premiers versements pour la formation de la Société à laquelle fut donné le nom d' « *Abeille Nimoise* ».

Cette conférence eut lieu le 15 octobre 1883. Nous en donnerons la 1re partie et la péroraison.

Au moment où nous allons entreprendre de former une Société coopérative de consommation à Nîmes, il est bon que nous sachions tous dans quelle voie nous allons entrer et quel est le but que nous voulons atteindre.

Je viens donc étudier avec vous les avantages de la coopération et vous donner, d'après des renseignements que j'ai puisés aux meilleures sources, les résultats qui ont déjà été obtenus.

Dans toutes les villes de l'Europe et de l'Amérique les questions sociales occupent l'opinion publique et chacun les traite à sa manière depuis l'homme le plus instruit jusqu'au plus ignorant. Quelques-uns les déclarent insolubles; beaucoup proposent les solutions les plus étranges, les plus impraticables, les plus insensées; d'autres disent qu'elles ne peuvent être résolues que graduellement. Les coopérateurs appartiennent à ce dernier groupe.

Coopération veut dire travailler ensemble dans un but commun. Quand deux hommes se réunissent pour porter un fardeau, ils coopèrent. La coopération c'est l'effort

(1) Du secrétaire de la Société de Secours Mutuels.

organisé, c'est l'union de plusieurs volontés pour faire ce qu'on ne peut faire individuellement. Dans le sens où nous l'entendons, c'est l'union des ouvriers pour arriver graduellement, par des voies légitimes et recommandables, et sans affaiblir le pouvoir moteur du capital, à une distribution plus égale des richesses.

Mais, avoir un capital n'est pas tout, il faut savoir l'employer, c'est pourquoi la coopération vise non seulement à l'amélioration matérielle du sort des ouvriers, mais encore à leur élévation morale et intellectuelle.

Une nation devient grande, non parce qu'elle a un grand homme, mais, parce qu'elle est animée par une même pensée. Il en est de même de la coopération ; c'est une tentative démocratique si jamais elle en fut, par conséquent elle ne peut être l'affaire de quelques-uns, il faut, pour qu'elle aboutisse, qu'elle soit l'affaire de tous. Il faut, en conséquence, que tous ses adhérents soient assez instruits pour contribuer à sa marche en avant. S'il en était autrement, les adhérents ne verraient qu'un point : avoir une part de capital sans savoir comment il peut arriver en leur possession et sans pouvoir le rendre productif ; ils ne prendraient pas d'intérêt au mouvement et sa direction serait sans contrôle entre les mains de quelques-uns.

Les coopérateurs doivent donc s'instruire, se tenir au courant de ce qui se passe dans le monde économique, profiter de l'expérience des autres, préparer par leur vie morale le but élevé qu'ils se proposent : le progrès de l'humanité.

La coopération n'est pas une panacée universelle qui puisse faire disparaître, du jour au lendemain, tous les maux de ce monde, mais par elle on doit arriver progressivement et sagement à une meilleure organisation de la Société.

La coopération veut, autant que possible, faire disparaître les maux, les injustices de ce monde, aider ceux qui ont des fardeaux trop lourds à porter, rendre libres ceux qui sont opprimés, briser toutes les chaînes. Elle veut la liberté, et comme le plus grand ennemi de la liberté est le vice, c'est-à-dire la cruauté, l'hypocrisie, l'oppression du faible par le fort, ou de l'individu par la force du nombre, elle veut combattre le vice sous toutes ses formes. Elle veut augmenter l'intelligence, donner des habitudes d'économie, arriver à la diminution du paupérisme, du crime, de l'ignorance ; faire disparaître les notions fausses d'économie politique et sociale, le charlatanisme, les falsifications, le désordre.

La coopération est du socialisme intelligent et pratique, et, en donnant à l'ouvrier le moyen de sortir de sa situation précaire, elle résout en partie la grande question sociale : *le rapport du capital avec le travail.*

Le système coopératif n'a rien de commun avec le communisme, qui est répudié par tout coopérateur.

Le communisme est la tyrannie d'État sous sa forme la plus aggravée, il vise à convertir la communauté en un gigantesque atelier d'où sont bannies l'individualité et la responsabilité ; c'est la négation de la coopération ; celle-ci veut, au contraire, le développement et l'extension de la liberté de chacun.

La coopération pousse et encourage la production et produit l'économie ; le communisme paralyse l'une et décourage l'autre en substituant l'action de l'État à l'action individuelle. La coopération fait des hommes se confiant en eux-mêmes, le communisme fait des enfants qui restent toute leur vie en tutelle.

Le coopérateur sait que tout système qui aurait pour but l'abolition de la propriété ferait fuir les capitaux dans d'autres pays et supprimerait la source de l'émulation, de l'activité et de la richesse.

Le partage du capital aboutirait pour chaque individu à une somme insignifiante ; l'argent qui, accumulé, produit en circulant plusieurs fois sa valeur, ne produirait plus rien ; ce serait la pauvreté générale dans le pays. Cela ressemblerait à l'acte d'un sauvage qui couperait l'arbre à sa racine pour en avoir le fruit.

Le pays, à qui on ferait subir un pareil régime, ne pourrait plus se lancer dans de grandes affaires, faire face à une mauvaise moisson, à un manque de matières premières, se défendre contre l'invasion. Arrêté dans son commerce, dans son industrie, il reviendrait finalement, après un état de barbarie complet, à l'état de choses actuel, les uns ayant dépensé ce qu'ils avaient reçu, les autres, par leur travail, par leur intelligence, par leur économie, étant arrivés à se créer une fortune.

Les coopérateurs n'en veulent donc pas au capital, car ils comprennent que, tant qu'il y aura de si grandes différences dans l'intelligence des hommes, dans leurs moyens, dans leur activité, dans leurs habitudes d'ordre et d'économie, il y aura par cela même des inégalités dans la distribution des richesses. Ils trouvent seulement que l'accès de ces richesses doit être rendu plus facile et la coopération, sous ses diverses formes, leur parait le moyen le plus pratique d'y arriver.

La coopération n'empêchera évidemment pas celui qui dépensera plus que ses revenus, dans quelque condition qu'il se trouve, d'être pauvre ; elle ne pourra pas faire d'un paresseux, d'un homme vicieux un capitaliste, mais elle veut que tout homme actif et honnête puisse tendre à le devenir.

Tout siècle a un ou plusieurs problèmes à résoudre ; ce siècle-ci doit résoudre les questions économiques et sociales. Ce ne sont pas les socialistes révolutionnaires, les nihilistes, les anarchistes mécontents ou autres esprits violents ou malades qui les résoudront. Leur but n'est pas de construire, mais de démolir.

La haine de tout ce qui existe, voilà leur principe ; négation du droit du capital à recevoir un intérêt, négation du droit de propriété, négation du sentiment religieux, négation de la liberté de l'homme, destruction et carnage, voilà leur programme. C'est celui de la démagogie haineuse.

Socialistes pratiques, les coopérateurs ne veulent pas démolir mais construire, et il espèrent arriver sans secousse à résoudre bien des difficultés sociales.

L'association des ouvriers pour l'amélioration de leur situation matérielle, intellectuelle et morale, voilà leur principe ; droit du capital à recevoir un intérêt proportionné aux risques qu'il court ; répartition équitable des bénéfices de la production entre tous ceux qui ont contribué à les

réaliser, soit par le travail de la pensée, soit par le talent,
soit par l'effort manuel ; liberté de conscience, liberté de
l'homme, amour et fraternité, voilà leur programme. C'est
celui dela démocratie qui pense, qui travaille et qui édifie.

Après avoir expliqué le fonctionnement des sociétés
de consommation, le conférencier démontre la nécessité pour elles de s'associer pour former un magasin
de gros qui, en faisant des achats considérables et au
comptant, obtiendra les meilleures conditions possibles
sur le marché et en fera profiter les coopérateurs.

Il aborde ensuite la question des sociétés de production, deuxième étape de la coopération, qui permettront
à l'ouvrier de recevoir le produit intégral de son travail
en supprimant la part de l'entrepreneur. Il blâme les
sociétés de consommation qui vendent leurs denrées au
dessous du cours, car, avec ce système, l'ouvrier ne
change pas sa situation.

Il donne comme exemple la Boulangerie d'Angou-
lème et fait observer qu'elle a produit en quatorze ans
près de 30 millions de kilos de pain, malheureusement
à un prix constamment au-dessous des cours officiels.
En 1879-1880, le pain valait de 42 à 45 centimes, la
Société l'a maintenu à 33 centimes. Si la Société, depuis
son origine, avait vendu le pain au cours du jour, soit
10 centimes de plus, et eût retenu les bénéfices, elle
aurait plus de 2 millions, sans tenir compte des intérêts
des intérêts, à partager à ses sociétaires.

Il parle ensuite des associations étrangères en Allemagne, aux Etats-Unis, en Angleterre et termine en
posant cette question :

Ce qui se fait chez nos voisins ne peut-il pas
se faire chez nous ?

Que devons-nous faire en France ?
Commençons par créer des sociétés de consommation,

achetons-y tout ce dont nous aurons besoin ; il faut toujours acheter ses denrées quelque part ! Vendons au prix des marchands et laissons nos bénéfices au magasin ; nous les retrouverons plus arrondis ; cela ne vaut-il pas mieux que de donner ces bénéfices aux marchands ?

Ayons des conférences, assistons aux réunions, cherchons ensemble, comme les pionniers de Rochdale, les moyens d'améliorer notre sort, non pas seulement au point de vue matériel, mais aussi au point de vue intellectuel et moral.

Souvenons-nous, en toute occasion, que la société humaine est un corps composé de nombreux membres dont les intérêts véritables sont identiques.

Entendons-nous avec les différentes sociétés, qui existent déjà, pour former une société de consommation de gros, et nous échangerons nos produits avec les pays voisins.

Les ouvriers français, après les exemples que nous donnent nos voisins, peuvent se mettre à l'œuvre avec la conviction que la coopération n'est pas une utopie. Elle ne fera pas disparaître tous les maux, mais elle fera faire un grand pas à la question sociale.

Elle arrivera à supprimer les grèves en les rendant inutiles, améliorera la position de l'ouvrier, et sera même un des moyens qui faciliteront la lutte industrielle avec l'étranger jusqu'au jour où l'industrie deviendra coopérative et internationale.

Pour arriver à cet idéal, la coopération doit accepter les hommes de tous les partis, de toutes les opinions, de toutes les croyances, sans s'identifier à aucun principe, soit religieux, soit irréligieux, soit politique.

Elle doit non-seulement inscrire sur son drapeau cette belle devise : liberté, égalité, fraternité, mais aussi et surtout la mettre en pratique.

Voilà, Messieurs, ce que j'avais à vous dire sur la coopération, je vous demande pardon de vous avoir tenus si longtemps.

L'Abeille Nimoise.

Nous sommes venus ici pour faire le premier pas dans la voie coopérative, nous allons former une association de consommation, et nous allons nommer prochainement un conseil d'administration.

Ne le nommons pas légèrement, car de lui dépend le succès de notre Société ; quoique ses membres soient rééligibles par moitié tous les six mois, il est désirable de conserver une certaine unité de direction pendant les commencements.

Vos choix peuvent se porter sur des citoyens de positions différentes, car nous avons fait un appel à tous les hommes de bonne volonté.

Ceux qui sont ici et qui ne sont pas ouvriers ou employés prouvent par leur présence, qu'ils sont des socialistes pratiques, de vrais coopérateurs.

Ils mettent à votre disposition, sans autre pensée que de marcher avec vous, leur éducation commerciale, industrielle, leur intelligence et leur instruction.

Je n'ai pas besoin de vous dire que, dans notre organisation coopérative, il n'y a ni membres honoraires ni membres participants, nous sommes tous associés sur le même pied d'égalité, avec une même volonté : celle de travailler ensemble, non seulement à notre élévation matérielle et intellectuelle, mais à celle de la société humaine.

L'Abeille Nimoise, après avoir rédigé des statuts en se guidant sur ceux de Rochdale, de Roubaix et des Sociétés de Paris, a commencé ses opérations avec 105 membres, elle en a aujourd'hui 618 et possède 30,000 francs ; elle a donné, depuis cinq ans, une moyenne de 10 % de boni sur les achats. Il nous sera permis de citer parmi les membres qui ont le plus contribué à ses premiers succès : MM. Benoit-Germain, Jules Besson, Ducros, F. Bruneton, Tholozan, Moutet, Boucoiran, Méric, Donnarel, A. Colomb.

L'*Abeille* avait été fondée après une série de causeries sur les résultats de l'association et ses adhérents comprenaient qu'en dehors des avantages matériels, qui sont à la portée de toutes les intelligences, la Coopération avait pour but de créer des liens de solidarité entre les hommes et de conduire progressivement à une plus équitable distribution des richesses.

Les principes des membres de l'*Abeille* étaient ceux de la *Solidarité* et des rapports de plus en plus fréquents s'établirent entre les deux Sociétés; après une conférence de M. Ernest Brelay, au grand théâtre de Nimes, où il donna quelques détails sur la *Société d'Economie politique* de Paris, les coopérateurs nimois convinrent de se réunir dans certaines occasions pour parler de leurs affaires coopératives et des questions sociales; dans ce but ils organisèrent une *Société d'Economie populaire* (1). La mairie mit un local à leur disposition; un président et 4 vice-présidents, pris dans chaque Société, furent nommés et il fut entendu que tous les mois une question serait mise à l'etude et présentée dans un rapport qui servirait de base à la discussion.

Cette Société qui a eu d'illustres visiteurs étrangers tels que MM. Vansittart Neale, Holyoake, Ugo Rabbeno, et entendu des conférenciers français tels que MM. E. Brelay, Fr. Passy, Ch. Gide, Charles Robert, se réunit maintenant tous les premiers vendredis du mois dans la salle de conférences de l'*Abeille*. Elle a rendu de grands services en étudiant et en préparant l'organisation de plusieurs œuvres nouvelles telles que celle des « Concours d'apprentis » et en rapprochant des citoyens de classes différentes. Dans la réunion du 14 janvier 1887 M. G. Maurin, dans un rapport sur les Syndicats agricoles, signala les avantages qu'auraient les coopérateurs à

(1) Deux ans après MM. Boucoiran et Tholozan organisèrent à l'*Abeille* des réunions littéraires et soirées de famille.

s'adresser à ces syndicats pour leurs achats. Cette idée, développée quelques mois après dans l'*Emancipation*, a été présentée par M. Maurin au Congrès de Tours.

Nous devons mentionner encore un fait important, preuve de l'esprit de dévouement des hommes de la *Solidarité*; la boulangerie coopérative *la Renaissance*, dont la direction avait eu le grave inconvénient d'être plus politique que coopérative, se trouva engagée dans la débâcle financière d'un banquier de Nimes où elle perdit les 4/5 de son capital.

Cette catastrophe jeta une grande perturbation parmi les associés de la *Renaissance* et plusieurs voulaient se retirer ; les membres de la *Solidarité* comprirent que si la Société périclitait, la cause de la Coopération pourrait en souffrir ; sans hésitation ils se firent inscrire comme membres de la dite Société et plusieurs membres de l'*Abeille* suivirent leur exemple. Il y eut une deuxième perte, conséquence de la première, mais elle ne découragea pas nos hardis coopérateurs et aujourd'hui la boulangerie *La Renaissance* est en pleine prospérité.

Les rapports fréquents entre les membres des Sociétés Coopératives l'*Abeille* et la *Solidarité* les amenèrent à conclure qu'il y aurait avantage pour elles à former une seule et même Société, une Commission fut nommée des deux côtés, une entrevue eut lieu à la Chambrée *La Solidarité* ; le procès-verbal de cette séance a été conservé et rendra mieux que nous ne pourrions le faire nous même les sentiments des délégués des deux sociétés.

Réunion du 8 février 1886, au local de la « Solidarité », dans le but d'arriver à la fusion des deux Sociétés.

Représentants de la *Solidarité* :   Représentants de l'*Abeille* :
MM. CABANIS   MM. Jules BESSON.
VERDIER   de BOYVE.
VIDAL.   SOULAS.

Après des paroles de bienvenue adressées par les délégués de la *Solidarité* aux représentants de l'*Abeille* un de ceux-ci dit qu'une partie des avantages que l'on pourrait tirer de la coopération était perdu par le fait de l'existence de deux Sociétés, si elles s'unissaient on aurait tout à y gagner au point de vue matériel aussi bien qu'au point de vue moral. Les coopérateurs de l'*Abeille* profiteraient ainsi plus directement de l'expérience, de la persévérance et de l'énergie de leurs frères de la *Solidarité*. —

Le doyen d'âge de la réunion, après avoir été invité à prendre la présidence, engage les citoyens de la *Solidarité* à exposer leurs vues sur le projet de fusion.

Ceux-ci reconnaissent l'utilité d'une union plus complète entre les coopérateurs des deux sociétés et ils déclarent qu'ils verront avec plaisir les membres de l'*Abeille* et de la *Solidarité* former une seule famille. Si la fusion est votée ils viendront à l'*Abeille* avec leur réserve et leur matériel mais ils ne veulent pas perdre le nom de « Solidarité » qu'ils ont porté depuis si longtemps et qui les a encouragés dans leurs luttes d'émancipation sociale. —

Les délégués de l'*Abeille* déclarent qu'ils verront avec plaisir la réunion des deux noms : l'*Abeille nimoise* et *Solidarité*. —

Les membres de la *Solidarité* expriment le désir d'avoir une caisse de prêts. —

Cette caisse a déjà été votée, leur dit-on, mais n'a pas encore fonctionné. —

Ils demandent la nomination du Conseil d'administration pour trois ans et le renouvellement par tiers tous les ans. —

Il leur est répondu que le système de l'*Abeille* est plus démocratique, le Conseil étant nommé tous les ans. —

Les représentants de la *Solidarité* font observer qu'ils n'ont pas de président ; leurs séances sont présidées à tour de rôle par un des membres du Conseil. —

On leur répond qu'à l'*Abeille* le président a pour toutes fonctions de présider les séances ordinaires et de signer les procès-verbaux avec le Secrétaire. Il ouvre la séance de l'Assemblée générale et fait l'appel nominal des sociétaires, assisté du secrétaire, il cède ensuite sa place à un président, nommé par l'Assemblée. Le Conseil seul représente la Société, il a seul le droit de déléguer ses pouvoirs à celui ou à ceux de ses membres qu'il choisit pour traiter au nom de la société pour achats, loyers, transactions, placements, etc. En résumé, le président n'a pas plus d'autorité qu'un membre quelconque du Conseil. Il y a avantage, ajoutent les coopérateurs de l'*Abeille*, à ce que les séances soient présidées par la même personne, l'expédition des affaires se fait plus vite. En lisant les statuts de l'*Abeille* les membres de la *Solidarité* verront qu'il y a peu de différence avec les leurs. —

Les membres de la *Solidarité* satisfaits de ces réponses expriment le désir d'avoir une salle de lecture. —

Il leur est répondu qu'on est à la recherche d'un local qui puisse abriter sous le même toit, la Société *d'Economie populaire*, la salle de séances de la *Boulangerie La Renaissance* et de l'*Abeille* ; il sera alors facile d'organiser un cabinet de lecture. —

Les délégués des deux sociétés se trouvant d'accord sur tous les points, la fusion est déclarée faite sauf ratification par les Assemblées générales.

La séance est levée et les délégués se séparent en se félicitant des rapports fraternels qui existent entre eux.

Les Assemblées générales des deux sociétés votèrent la fusion et les membres de la *Solidarité* entrèrent à l'*Abeille* avec leur réserve et leur matériel le 1er avril 1886.

C'est en 1887 que les employés du P. L.-M., à la tête desquels se trouvait M. Mignot, songèrent eux aussi à avoir une Société coopérative et s'adressèrent pour des renseignements à quelques membres de l'*Abeille*.

Quelques jours après l'ouverture du magasin de la *Prévoyance P.-L.-M.*, les fondateurs de la Société invitèrent les membres du bureau de l'*Abeille* à leur banquet d'inauguration où on se félicita de l'augmentation de la famille des coopérateurs. Le président de la Société d'*Economie populaire* qui était présent, annonça qu'une place dans le bureau de la Société était réservée à un représentant de la *Prévoyance*.

Pour terminer ce rapide résumé de la marche de la Coopération à Nimes, nous devons mentionner la création d'une boucherie coopérative commerciale, par M. Hérisson et ses amis en 1888 ; les commencements ont été difficiles, mais aujourd'hui la boucherie fonctionne dans d'excellentes conditions.

Là encore, les coopérateurs Nimois firent preuve d'abnégation en renonçant à leurs bouchers qui leur donnaient 10 % sur les ventes, pour soutenir une œuvre qui n'était qu'à demi-coopérative, et qui, même en cas de succès, ne pouvait leur donner les mêmes bénéfices.

Nous revenons maintenant, en 1885, pour indiquer le

rôle joué par les coopérateurs Nimois dans le mouvement coopératif français.

Les réunions de la *Société d'Economie populaire*, avaient amené un rapprochement de plus en plus marqué entre les membres des différentes sociétés coopératives de Nimes, on y parlait des avantages de l'Association, des résultats obtenus par l'Union coopérative de la Grande Bretagne, et on n'était pas loin de comprendre quels avantages moraux et matériels on obtiendrait si tous les coopérateurs de France pouvaient s'entendre et poursuivre un but commun. Que pouvaient faire quelques sociétés coopératives isolées ? mais que ne pourraient-elles pas espérer du jour où elles formeraient une vaste association ! Le seul moyen d'y arriver serait de convoquer un Congrès, mais plusieurs tentatives de ce genre avaient été faites à Paris et elles avaient toutes échoué.

L'appel serait-il mieux entendu, venant de si loin ? M. Fabre ne différait avec M. de Boyve, partisan d'un appel immédiat, que sur la question d'opportunité ; dans quelques années le terrain serait mieux préparé ; l'enfant ne viendra pas à terme, disait-il, il vivra peut-être, mais il aura besoin de soins continuels.

Enfin, on décida de tenter l'aventure et la proposition de la réunion d'un congrès et d'un appel à toutes les sociétés françaises fut présentée par ces deux citoyens à une réunion générale de la Société *d'Economie populaire.*

Elle fut approuvée à l'unanimité, et, séance tenante, une Commission d'organisation de trois membres pris dans chacune des sociétés coopératives de Nimes fut nommée.

Cette Commission composée de M. de Boyve pour *l'Abeille*, de M. Auguste Fabre pour *la Solidarité* et de M. Teissonnière pour *la Renaissance*, se réunit le lendemain et chargea le représentant de *l'Abeille* de la correspondance.

La Commission manquait de renseignements sur les sociétés coopératives françaises de province, et elle dut, en se servant de l'Almanach Bottin, écrire à tous les directeurs de journaux pour leur demander d'annoncer le Congrès et de vouloir bien leur indiquer les sociétés coopératives de leur région.

Les brochures sur la Coopération de M. Ernest Brelay et les renseignements apportés de Paris, par M. de Boyve, sur les sociétés parisiennes, permirent, tout d'abord de lancer un certain nombre de circulaires qui furent signées par les trois membres de la Commission et dont voici le texte :

Aux Sociétés Coopératives de consommation.

L'idée d'un congrès des Sociétés Coopératives de France, a été déjà plusieurs fois abordée, mais pour différentes raisons n'a pas encore abouti. Cependant la nécessité de ce congrès s'impose.

Pour en finir, les Sociétés coopératives de Nimes se sont décidées à en prendre l'initiative.

Les principales questions qu'il y aura lieu de traiter dans cette assemblée, sont les suivantes :

1° Formation d'une commission chargée de s'entendre avec le producteur pour arriver, par des achats considérables, à faire profiter les magasins coopératifs des bénéfices des magasins de gros.

2 Nomination d'une chambre consultative chargée de représenter les Sociétés de Consommation dans l'intervalle des congrès.

3° Création ou choix d'un journal non politique qui renseignerait les sociétés sur tous les sujets d'intérêt commun et qui leur servirait d'instrument de propagande.

L'utilité des congrès est démontrée par les résultats obtenus en Angleterre où l'on compte 662,000 (1) coopérateurs,

(1) Aujourd'hui 906,000 ! (1889)

faisant environ 400 millions d'affaires, possédant un journal, un magasin de gros avec succursales et des bâtiments à vapeur qui vont approvisionner leurs magasins aux lieux de production.

Le Congrès que nous venons vous proposer aura lieu à Paris aussitôt que le comité d'organisation de Nimes aura recueilli un nombre d'adhésions suffisant.

Veuillez donc envoyer la votre, le plus tôt possible, à un des délégués suivants :

Nimes, le 6 mai 1885.

Pour l'*Abeille Nimoise :*
DE BOYVE,
Bosquet de l'Esplanade.

Pour la *Renaissance :*
EMILE TEISSONNIÈRE,
Rue des Flottes, 8.

Pour la *Solidarité :*
AUGUSTE FABRE,
Rue de Montpellier, 7.

Celles adressées aux journaux étaient accompagnées de la note suivante :

M. LE RÉDACTEUR.

Nous prenons la liberté de vous adresser la circulaire que les sociétés coopératives de consommation de Nimes, envoient aux sociétés coopératives de France, en vous priant de la publier dans votre estimable journal.

On ne comprend pas encore les services sérieux que l'Association peut rendre à l'ouvrier ; un congrès éclaircira la question en faisant connaître les meilleurs moyens d'appliquer le principe coopératif et de le propager,

Veuillez agréer, etc.

DE BOYVE.

A cette époque un Congrès des Sociétés coopératives de consommation de la Grande-Bretagne allait avoir lieu à Oldham et deux délégués français des Sociétés coopératives de production de Paris devaient y assister. M. de Boyve écrivit donc à M. Vansittart-Neale, secrétaire général, qu'il connaissait déjà, pour le pressentir sur l'accueil que recevrait une invitation de la Commission d'organisation de Nimes, engageant les coopérateurs anglais à se faire représenter au futur Congrès français.

Voici la réponse :

Manchester, 13 mai 1885.

J'use de votre permission pour répondre en anglais à votre intéressante lettre du **8** courant.

Je regrette que nous n'ayons pas le plaisir de vous voir à notre prochain congrès, mais nous devons avoir au milieu de nous deux représentants des sociétés de production de Paris. J'espère qu'il sera possible de les convaincre, par ce qu'ils verront dans notre pays, des ressources immenses que l'association peut mettre à la disposition des classes ouvrières pour relever leur condition. Le passage à un ordre plus élevé de la société se produit tout naturellement et sans révolution par le fait même de cette union pacifique.

Tout ce que les classes ouvrières ont à demander à l'Etat est de pouvoir se réunir librement pour former des institutions commerciales qui leur permettent de recueillir pour eux les bénéfices que d'autres reçoivent à leur place.

M. Vansittart-Neale parle ensuite avec éloge du familistère de Guise, et termine en disant :

J'engagerai les membres de notre congrès à vous envoyer des représentants. J'aimerais venir moi-même au milieu de vous *s'il est bien entendu que les questions d'amélioration sociale seront seules à l'ordre du jour, à l'exclusion de toute question de parti.*

Permettez-moi d'insinuer que vous devriez ajouter à votre programme : « De la possibilité et des avantages de former des associations dans le genre du familistère de Guise. »

Agréez, etc.

La Commission adressa de suite au Congrès d'Oldham l'invitation suivante :

Nimes, 22 mai 1885.

Le comité d'organisation du congrès des sociétés de consommation françaises, réuni à Nimes, envoie ses salutations fraternelles aux représentants des sociétés coopératives d'Angleterre.

Il espère que le temps viendra bientôt où les coopérateurs anglais et français formeront une vaste association travaillant ensemble à satisfaire non pas seulement leurs besoins matériels, mais surtout leurs besoins intellectuels.

Leurs efforts devront tendre à faire arriver un état de choses où la guerre entre le capital et le travail cesse, où toute division disparaisse, et où les hommes de tous les pays de la terre se tendent une main fraternelle.

Plein de ces sentiments, le comité d'organisation espère que le congrès d'Oldham voudra bien désigner quelques délégués pour assister à notre congrès, qui aura lieu aussitôt qu'un nombre d'adhésions suffisant aura été recueilli.

La présence de délégués anglais au milieu de nous est d'autant plus désirable, qu'en dehors des sentiments d'amitié que nous leur réservons, nous comptons sur leur expérience incontestable pour notre éducation coopérative.

Les coopérateurs anglais ne refuseront certes pas d'accepter l'alliance que leur offrent les coopérateurs français sur le terrain de l'aide mutuel.

LE COMITÉ.

Les journaux de Paris commençaient déjà à s'occuper de l'initiative prise par les coopérateurs nimois ; le *Moniteur des syndicats ouvriers*, en parlant du départ de deux délégués des Sociétés de production au congrès d'Oldham, trouvait l'occasion de dire quelques mots du prochain congrès de Paris ; de leur côté, *Le Temps*, le *Petit Journal*, *Le Globe*, consacraient des articles à la Coopération à Nimes.

La Commission d'organisation décida de les faire imprimer ainsi que la lettre reçue de M. Vansittart-Neale et de les envoyer à ses correspondants. Nous sommes obligés de nous restreindre et nous donnons seulement, avec la lettre d'envoi de la Commission, l'article du *Moniteur des syndicats ouvriers*.

Aux Sociétés coopératives.

Nous vous adressons divers articles de journaux sur notre projet de congrès ; vous trouverez aussi la lettre qui a été adressée à l'un de nous, par M. Vansittart-Neale, secrétaire général de l'Union coopérative d'Angleterre.

A ce propos, nous tenons à dire de nouveau, que toute discussion politique ou religieuse sera formellement interdite au congrès ; les questions sociales, pouvant intéresser les coopérateurs, seront seules à l'ordre du jour.

Dans ces conditions nous comptons sur l'adhésion de toutes les Sociétés de France.

Nimes, le 23 mai 1885.

Pour le Comité d'organisation :

De Boyve.

On voit souvent dans les pays à vastes propriétés, des phalanges de trente à quarante ouvriers, rangés par le travers d'un champ immense, labourer chacun devant soi ; le soleil n'a pas quitté l'horizon que le champ est retourné !

Tous ensemble et chacun devant soi.

C'est le mot du progrès et la devise des coopérateurs.

Extrait du *Moniteur des Syndicats ouvriers* du 21 mai 1885.

La Coopération à Nimes.

LES DEUX CONGRÈS

Demain partiront en Angleterre, pour assister au congrès des sociétés coopératives anglaises, qui se tiendra le 25 courant à Oldham, les délégués de la Chambre consultative des associations coopératives de production françaises.

En débarquant sur le sol anglais, une délégation anglaise attendra nos compatriotes et les considérera comme ses hôtes jusqu'à la fin du congrès. Il eût été désirable que nos sociétés coopératives de consommation fussent également représentées à cette grande discussion économique, où l'existence des travailleurs sera étudiée et améliorée. Cette représentation aura probablement lieu une autre fois, car la cohésion qui manque aux consommateurs français associés, s'effectuera sans doute à la suite du congrès qu'ils sont en train d'organiser et qui aura lieu à Paris dans le courant de l'automne prochain.

Cette marque de déférence de la part des ouvriers anglais envers les ouvriers de France, appelle la réciprocité. Nous espérons, qu'à leur tour, les délégués français seront autorisés par la future commission d'initiative à inviter une délégation anglaise au congrès de Paris.

Nous n'avons aucune peine à déclarer que nos amis puiseront à Oldham une leçon de bonne pratique sur le terrain de la consommation coopérative. Car, il n'y a pas à le nier, les ouvriers anglais savent commencer, continuer et mener à bonne fin les choses qu'ils entreprennent. Ils apportent leur obole sans se faire tirer l'oreille dès qu'ils aperçoivent le but à atteindre. Ils se soumettent à la discipline exigée par le succès, et lorsqu'ils ont recueilli les bénéfices de leurs sacrifices, ils ne s'inquiètent pas si ces avantages sont dus à la bonne gestion de Pierre plutôt que de celle de Paul. Ils laissent les personnalités de côté. Ils ne connaissent qu'une chose : les résultats. Et comme, par l'expérience du passé, ils savent pertinemment ce dont ils sont capables ils poursuivent leur organisation avec une sûreté de coup d'œil et une précision administrative que les ouvriers français devraient bien imiter.

Ce qui nous manque, à nous, ce sont les qualités qui assurent la durée de nos entreprises. Si nous fondons un groupement quelconque, qu'il soit professionnel sous la forme syndicale, mutuel, productif, ou que, à un autre point de vue, il envisage l'économie dans la consommation, il est très rare que les initiateurs, malgré leurs bonnes intentions, leur expérience, leur dévouement même ne soient pas soupçonnés de déloyauté par des brouillons qui, eux-mêmes, sont les jouets d'intrigants du dehors. On dénature leurs actes; on leur fait des procès de tendance; on leur prête des projets qu'ils n'ont jamais eus, et on arrive de la sorte à désagréger les groupements et à décourager les bonnes volontés.

Cet état de choses durera-t-il? Nous espérons que non. Le manque de solidarité qui a existé jusqu'ici entre les ouvriers français tient à ce qu'ils ont agi plutôt pour obéir aux principes que contraints par la nécessité. Ils ont pu vivre à l'état isolé, et le besoin de liberté individuelle leur a fait négliger les bienfaits de l'association, qu'ils ont en quelque sorte pratiquée en amateurs. Mais la crise industrielle a appauvri nos travailleurs, et la situation qui existe entre les employeurs et les employés forcera ces derniers à user de tous les moyens pratiques qu'ils peuvent mettre en jeu pour vivre à meilleur marché. Nous entrons, par cette situation même, dans la période préparatoire de l'organisation sérieuse des travailleurs français. L'état embryonnaire va disparaître, et avec lui les causes qui l'ont maintenu pendant si longtemps.

L'expérience nous a appris que de mêler la politique à tout est funeste à tout. Fondait-on une chambre syndicale ouvrière? Aussitôt ses principaux membres étaient disséqués au point de vue moral par des candidats quelconques, qui voulaient s'assurer du parti qu'ils pourraient tirer d'eux en matière électorale. Et comme il y a toujours beaucoup de candidats, chacun circonvenait un ou plusieurs syndiqués qui se tiraillaient au détriment de la chambre syndicale. Créait-on une société de consommation? On mettait tout en jeu pour que ses principaux administrateurs figurassent en nom et en titre sur les affiches des comités électoraux. Nous ne parlons pas des cercles d'études sociales, dont tous les membres sont autant de candidats plus ou moins consistants.

Et bien, il faut que ces mœurs disparaissent. La politique n'a rien à voir dans l'organisation du travail, pas plus que

dans celle de la consommation coopérative. Voilà ce que
comprennent enfin les ouvriers français qui ont servi si
longtemps de marche-pieds à des hommes absolument inca-
pables d'améliorer leur situation. Les sociétés Nimoises,
dans l'appel qu'elles ont adressé aux associations coopératives de consommation, ont eu bien soin de déclarer que la
politique serait absolument étrangère au congrès, et elles
ont eu raison. Les hommes politiques n'ont abouti jusqu'à
présent qu'à diviser les travailleurs et à aigrir les carac-
tères.

C'est le bon moyen pour marcher sur la trace des ouvriers
anglais, et pour obtenir des avantages certains. Le jour où
nos travailleurs auront su pratiquer cette indépendance, ils
deviendront plus stables et meilleurs administrateurs. Le
congrès provoqué par les sociétés Nimoises vient donc tout
à fait à propos et nous espérons bien qu'il marquera l'ère
des données de la véritable économie sociale.

Une lettre de M. Vansittart-Neale annonçait bientôt que le Congrès d'Oldham avait accueilli avec enthou-
siasme l'invitation des coopérateurs Nimois et l'avait
chargé ainsi que M. Acland, coopérateur distingué, de
représenter l'*Union coopérative d'Angleterre* au
Congrès de Paris. M. Vansittart-Neale envoyait en
même temps le discours d'ouverture prononcé au Congrès d'Oldham dans lequel, disait-il, les coopérateurs
français pouvaient trouver d'utiles enseignements.
Un extrait en fut fait et une circulaire indiquant le
programme du futur Congrès fut rédigée par la Commission d'organisation. Ces deux documents furent
immédiatement répandus dans tous les centres coopératifs. Nous les donnons ainsi que les circulaires qui
précédèrent le Congrès. Nous passons sous silence les
centaines de lettres envoyées un peu partout au hasard.
La cause était enfin gagnée, les journaux étaient sym-
pathiques, principalement *le Temps* et le *Moniteur
des Syndicats ouvriers*.

Ce dernier journal prenait une vive part à l'organisation du Congrès, mais, en arrivant à Paris, le représentant du Comité de Nîmes apprit que le groupe du parti ouvrier avancé était hostile à ce journal, qui passait pour être sympathique au ministère de l'intérieur. Il dut donc, pour ne pas compromettre la cause du Congrès auprès de certains ouvriers, et pour rester dans une stricte neutralité, renoncer, non sans regret, aux rapports fréquents qu'il entretenait, depuis quelques mois, avec l'honorable directeur de ce journal, M. Veyssier.

Voici maintenant les circulaires dont nous avons parlé.

Première Circulaire.

Communications du comité d'organisation du Congrès.

Nous avons le plaisir de vous annoncer que les ouvriers anglais ont nommé deux délégués pour assister au Congrès ; ce sont MM. Vansittart Neale, secrétaire général de l'Union coopérative d'Angleterre et A. H. D. Acland, d'Oxford, membre du Conseil central. Ce choix des deux hommes les plus distingués de l'Union coopérative est profondément flatteur pour les coopérateurs français.

Nous leur réservons une cordiale réception.

Nous vous envoyons un extrait du discours d'inauguration du Congrès anglais tenu à Oldham, le 25 mai 1885. En le lisant vous verrez combien il est nécessaire de grouper toutes nos forces pour arriver à des résultats sérieux.

Nous vous proposons ensuite comme base de nos discussions au Congrès les questions suivantes :

1° *Examen des moyens pratiques les plus propres à assurer le bon fonctionnement des sociétés de consommation ?*

A. Vente et achat au comptant ? B. Vente aux sociétaires aux prix des magasins de détail de la ville de manière à former un capital à l'ouvrier ? C. Large attribution au fonds de réserve ? D. Prime allouée au gérant proportionnellement aux bénéfices ? E. Ne faut-il pas acheter de préférence aux sociétés ouvrières de production ?

2° *Pour commencer, et avant d'avoir un magasin de gros*

comme en Angleterre, ne convient-il pas de nommer une Commission chargée de traiter avec le producteur pour les prix ? N'y aurait-il pas possibilité ensuite de faire adresser directement aux sociétés, par le producteur, les quantités de denrées dont chacune d'entre elles aurait besoin, et dont elles seraient débitées ?

F. Siège de la Commission des achats ? G. Faut-il avoir un acheteur dans chaque région ? H. Responsabilité ?

3° Est-il nécessaire d'avoir une chambre consultative chargée de représenter les sociétés de consommation dans l'intervalle des Congrès ?

4° Comment pourvoir aux dépenses ?

5° Ne faut-il pas avoir un journal non-politique qui tienne les coopérateurs au courant de tout ce qui peut les intéresser ? Ne convient-il pas de profiter d'un journal déjà existant ?

6° Ne devons-nous pas inviter les Sociétés coopératives de Production à envoyer un ou deux délégués pour prendre part à nos travaux ?

7° Quelle est l'époque préférée pour la réunion de ce premier Congrès ?

Prière d'étudier ces questions et d'envoyer les réponses au plus tôt pour que le programme du congrès puisse être dressé conformément au vœu général des Sociétés coopératives.

Nimes, 1er juin 1885,

Pour la Solidarité   Pour la Renaissance

FABRE.   TEISSONNIÈRE,

De Boyve, de l'Abeille
secrétaire du Comité.

NOMINATION DES DÉLÉGUÉS

Toute société peut envoyer un délégué et, au-dessus de 500 membres, un délégué pour chaque groupe de 500. Y a-t-il opposition ?

Les sociétés, qui le préfèrent, peuvent se faire représenter par une personne habitant la ville où se tient le Congrès. Les pouvoirs des délégués devront être en règle et signés par le président ou le secrétaire de la société qu'ils représentent.

N.-B. — Nous espérons obtenir des Compagnies une réduction sur le prix du voyage des délégués.

Deuxième partie de la première Circulaire.

Extrait du discours d'inauguration prononcé au Congrès d'Oldham.

Après avoir parlé de toutes les difficultés qu'ont rencontrées en Angleterre les premiers coopérateurs, M. Lloyd Jones (1) continue en ces termes :

Leurs premiers essais furent naturellement limités. Les membres des magasins coopératifs avaient peu de confiance les uns dans les autres ; la plupart des sociétés qui s'étaient formées dans les villes, si elles ne se regardaient pas avec la plus grande méfiance, se tenaient à l'écart comme si l'isolement était nécessaire au succès de la coopération. Ceux seulement qui ont eu à combattre ces préjugés, au commencement de l'organisation coopérative, peuvent comprendre combien il était d'une importance capitale de briser ces barrières créées par les soupçons de l'ignorance.

A présent, au lieu d'un certain nombre de sociétés jetées çà et là et vivant à part, il y a une quantité énorme d'associations individuelles qui couvrent le pays et qui sont unies par des liens communs d'espérance, de sympathie, d'intérêt.

Elles se réunissent chaque année en Congrès ; toutes les associations y sont représentées et l'expérience des uns vient se joindre à la largeur de vue des autres ; on peut alors embrasser tout le mouvement coopératif, juger utilement des améliorations à poursuivre et des points faibles où il faut porter la force de tous.

Les 28 ouvriers de Rochdale sont aujourd'hui 700,000 et ce sont pour la plupart des chefs de famille !

Ces chiffres ont leur éloquence, mais ce qui les rend saisissants c'est qu'ils veulent dire : accroissement des habitudes de prévoyance, sagesse, fermeté, persévérance dans la conduite.

Pour en arriver là il a fallu non seulement triompher de l'inertie des travailleurs et mettre en mouvement ceux qui autrefois s'intéressaient fort peu au progrès social mais encore il a fallu élargir l'intelligence populaire et montrer la force que pouvait acquérir des masses disciplinées ayant les mêmes espérances et poursuivant un but élevé !

Ceux qui se sont mis à la tête du mouvement n'ont pas essayé de faire croire aux déshérités qu'ils devaient être contents de leur sort ! Bien au contraire ils ont cherché à exciter leur mécontentement non pas contre les hommes, ni les différentes classes de la société, mais

(1) Président d'honneur du Congrès.

contre certains faits sociaux, contre certaines habitudes commerciales, auxquels il semble nécessaire de porter de justes et prompts remèdes.

Je suis d'autant plus à mon aise pour vous faire cette confession que ces améliorations ne peuvent être faites que pacifiquement. Travaillant pour le bonheur de tous, ne repoussant de notre organisation ni les individus, ni les classes, nous sommes obligés d'être justes dans nos aspirations parce que nous sommes convaincus que pour qu'elles se réalisent, l'union et la paix sont nécessaires. Et ainsi nous transformerons ces groupes d'hommes connus en Europe sous le nom de « classes dangereuses » en amis de l'ordre et de la justice et en défenseurs des vrais et des meilleurs intérêts de la société.

Deuxième Circulaire.

Date du Congrès, 27 juillet 1885.

Nous vous avions demandé de nous indiquer l'époque que vous préfériez pour la réunion du congrès mais les évènements nous ont obligés à nous prononcer nous-mêmes.

Les délégués anglais ont exprimé le désir de venir en France le mois prochain, leurs occupations rendant leur absence plus difficile les mois suivants ; nous avons cru devoir les satisfaire et montrer ainsi la sympathie des coopérateurs français pour leurs confrères anglais.

Nous comptons sur votre approbation.

Nous vous envoyons une carte de membre du Congrès, sur laquelle vous voudrez bien inscrire le nom ou les noms de vos délégués en vous conformant aux indications données. Dans le cas où vous ne voudriez pas faire les frais de deux représentants, votre délégué aura droit à autant de voix qu'il y a de fois 500 membres dans votre société.

Les sociétés de province, si elles ne peuvent faire autrement, pourront se faire représenter par une personne habitant la ville où se tient le congrès.

Veuillez agréer, chers concitoyens, nos salutations fraternelles,

Nîmes, 23 juin 1885.

Pour le Comité,
De BOYVE,

1° Prière d'étudier les questions proposées au Congrès.

Toutes les réponses au questionnaire seront portées à Paris et mises à la disposition des rapporteurs.

2° Une dernière circulaire sera envoyée pour vous faire connaître le lieu de réunion du congrès et la réduction accordée par les Compagnies de chemin de fer pour le voyage des délégués.

Troisième Circulaire.

Nîmes, le 10 juillet 1885.

Le Congrès se tiendra à la mairie de l'Hôtel-de-Ville de Paris (4ᵉ arrondissement).

Une réunion préparatoire, où les délégués des sociétés de consommation pourront échanger leurs idées et faire connaissance, aura lieu dimanche à 2 heures dans la salle des réunions.

Le congrès commencera officiellement lundi 27 courant à 8 heures du matin.

Les sociétés coopératives sont instamment priées de se faire représenter sinon par un de leurs membres, du moins par une personne étrangère.

Il est facile de comprendre combien il est nécessaire que ce congrès réussisse ; s'il donne un résultat négatif, la cause de la coopération se trouvera pour longtemps compromise en France.

Les membres de toutes les professions se syndiquent aujourd'hui ; les coopérateurs dont la base même du système est l'association, seraient-ils les seuls à rester isolés ?

Si nous sommes conséquents avec nos principes, montrons-le par nos actes.

Prenons exemple sur nos voisins.

Le Congrès anglais, sur notre demande, a nommé deux délégués pour venir assister à nos réunions. Ceux-ci ont accepté sans hésitation et n'ont pas reculé devant un long voyage pour venir nous apporter le concours de leurs sympathies et de leurs lumières ; c'est que deux principes élevés les guident :

Le Devoir et la Solidarité !

Ces principes doivent aussi nous guider dans toutes nos résolutions.

Pour le Comité d'organisation :

DE BOYVE.

M. de Boyve recevra toutes les communications qu'on voudra bien lui faire à Paris 29, *rue de Berne*, de 8 à 10 heures du matin, à partir de lundi 20 juillet.

N.-B. — Prière d'envoyer à la même adresse les lettres pour le Comité.

Le Comité n'a pas encore reçu de réponse des Compagnies de chemin de fer.

Quatrième Circulaire.

Nîmes, le 15 juillet 1885.

Plusieurs sociétés ayant demandé que la première réunion du Congrès ait lieu Dimanche, le Comité a consulté les délégués anglais qui acceptent.

Vous êtes donc priés de vous rendre à la Mairie de l'Hôtel de ville (4ᵉ arrondissement), Dimanche, 26 juillet 1885 à *8 heures du soir.*

Veuillez agréer etc.

Le même jour à *2 heures réunion préparatoire.*

Pour le Comité :

DE BOYVE.

Ordre du jour porté sur la carte des délégués au Congrès.

1° — Vérification des Pouvoirs. Nomination du Bureau.

2° — Rapport du Comité d'Organisation.

3° — Rapport des Délégués Anglais.

4° — Rapport sur les moyens pratiques les plus propres à assurer le bon fonctionnement des Sociétés de Consommation.

5° — Rapport sur la Commission Générale des Achats.

6° — Rapport sur les moyens de pourvoir aux dépenses de l'Union Coopérative Française.

7° — Rapport sur la création d'un journal.

8° — Rapport sur l'utilité de dresser une carte statistique des Sociétés représentées au Congrès.

9° — Rapport sur les Sociétés alimentaires.

10° — Rapport sur l'organisation des Congrès,

La discussion suivra immédiatement la lecture du rapport.

Toute discussion politique est interdite.

———————

Les lettres d'adhésion arrivèrent plus abondantes à la suite de l'envoi de ces circulaires; nous sommes heureux de les toutes faire connaître au public.

Nous devons ajouter que deux citoyens, MM. Briolet de la *Revendication* de Puteaux, et M. Lasne, secrétaire du *Syndicat des sociétés coopératives*, ont grandement contribué à Paris au succès du Congrès.

Le premier est encore un membre influent de la *Revendication* et est resté de nos amis ; le second a entièrement disparu du groupe coopératif.

A Lyon, M. Maréchal principalement et M. Bleton ont obtenu, après beaucoup d'efforts, l'adhésion au Congrès de 13 sociétés lyonnaises.

M. Maréchal est resté un des meilleurs conseillers de la Société coopérative : *Les Équitables coopérateurs.*

LETTRES

adressées à la Commission d'organisation de Nimes

ÉTABLISSEMENTS ÉCONOMIQUES

des Sociétés mutuelles de la ville de Reims

65, rue du Barbatre.

Reims, le 11 mai 1885.

J'ai l'honneur de vous accuser réception de votre circulaire du 6 courant, vous remercie de votre invitation, et vous prie de nous compter parmi les adhérents au Congrès des sociétés de consommation que vous vous proposez d'organiser prochainement à Paris.

Avec mes vœux, pour le succès de votre entreprise, agréez, etc.

E. GARNIER.

SOCIÉTÉ POPULAIRE

D'ÉPARGNE, DE CRÉDIT ET DE CONSOMMATION

Bordeaux, 118, cours d'Alsace-Lorraine.

Bordeaux, le 11 mai 1885.

Je viens d'apprendre par un journal de Paris « Le Temps » du lundi 11 mai, que l'*Abeille Nimoise*, la *Renaissance* et la *Solidarité* ont pris l'initiative de la réunion à Paris d'un congrès des Sociétés coopératives de France dans le but d'étudier les questions qui se rattachent à la coopération et d'aider au progrès dans cette question économique. J'applaudis à cette idée.

C'est pourquoi je vous prie de vouloir bien me faire parvenir le programme que vous avez dû arrêter à cette fin, et de me donner tous les renseignements utiles sur la date de la réunion de ce congrès et les conditions qui s'y rapportent.

Notre fondation à Bordeaux date du 7 octobre, 1884 : c'est vous dire que notre société est en plein travail de développement.

Agréez, etc.

CHÈNE.

L'UNION FRATERNELLE D'AUTEUIL

Paris, 86, rue Boileau.

Paris, le 13 mai 1885.

J'ai l'honneur de vous accuser réception de votre circulaire émettant l'idée d'un congrès à Paris des sociétés coopératives de consommation.

Nous ne pouvons que vous louer et vous être reconnaissants pour l'initiative que vous avez prise à cet effet, et nous vous prions de vouloir bien nous compter au nombre de vos adhérents.

Agréez, etc.

TERRASSE.

LES ÉQUITABLES DE PARIS

211, boulevard de la gare.

Paris, le 16 mai 1885.

La société des *Equitables de Paris*, donne son adhésion au Congrès que propose votre circulaire du 6 mai 1885.

Veuillez agréer, etc.

BOUJAT.

LA REVENDICATION

22, rue Mars et Roty.

Puteaux (Seine), le 17 mai 1885.

Nous portons à votre connaissance que nous sommes possesseurs de la lettre que vous avez adressée à M. Briotet, notre ancien président, l'informant de l'utilité d'un congrès.

Nous sommes très touchés de l'initiative que les Sociétés de Nîmes ont prises.

Aussi, inspirés des mêmes sentiments, nous vous envoyons notre adhésion au Congrès des Sociétés de France.

Dans l'espoir que toutes les Sociétés en reconnaîtront le bien-être, recevez, cher collègue, mes salutations.

Pour le Conseil d'administration,
LE SECRÉTAIRE.

LA MOISSONNEUSE

Rue Keller, 15. Succursale, rue de la Main-d'or, 15.

Paris, le 16 mai 1885.

Le Conseil, en prenant connaissance de votre circulaire du 6 mai dernier, en séance du 13 mai 1885, a décidé à l'unanimité de vous transmettre par la présente notre adhésion au Congrès que vous êtes en train d'organiser.

Recevez, etc.

MARTIN.

SOCIÉTÉ ANONYME DE CONSOMMATION

à Villeneuve-Saint-Georges.

Villeneuve-Saint-Georges (S. et Oise), le 17 mai 1885.

Ayant lu votre intéressant manifeste relatif au congrès des Sociétés coopératives de France, j'ai proposé au Conseil d'administration de notre Société d'adhérer à votre congrès.

Ma proposition ayant été acceptée, j'ai l'honneur de vous en donner connaissance et de vous informer que je suis à votre disposition pour vous donner les renseignements que vous jugerez utiles, pensant qu'un échange de vues entre vous et les adhérents à votre Congrès est indispensable afin d'arriver à créer quelque chose de véritablement sérieux.

Je dois vous prévenir qu'il existe déjà à Paris, un *Syndicat* des *Sociétés coopératives de consommation,* je crois que vous ferez bien de vous mettre en relation avec ce *Syndicat.*

Recevez, etc.

CHEVALIER.

SOCIÉTÉ COOPÉRATIVE

DES AGENTS DU CHEMIN DE FER P. L. M.

Nevers, rue Saint-Didier, 5.

Nevers, le 19 Mai 1885.

Nous avons lu avec un grand intérêt le manifeste publié par le *Petit Journal,* dans son n° du 15 courant ; nous sommes, comme vous, convaincus de l'utilité d'un Congrès de toutes les sociétés de France.

Aussi, dans sa séance du 16 courant, le Conseil d'administration de la Société coopérative de consommation des Agents du P.-L.-M. à Nevers, a-t-il décidé, à l'unanimité, qu'il y avait lieu d'adhérer à l'idée que vous avez mise en avant.

Nous vous prions en conséquence, de vouloir bien prendre acte de notre adhésion.

A titre de renseignements nous vous adressons en même temps que la présente un exemplaire de nos statuts.

Agréez etc.

Pour le Conseil,
LE PRÉSIDENT DU CONSEIL D'ADMINISTRATION.

LA CONFIANCE
SOCIÉTÉ COOPÉRATIVE

6, rue du Château.

Courbevoie (Seine), le 19 mai 1885.

Estimant qu'il est de notre devoir de résoudre nous-mêmes les problèmes sociaux, je vous prie de vouloir bien accepter notre adhésion au Congrès des Sociétés coopératives et de nous compter parmi les champions de la lutte économique.

Agréez etc.

Edmond JOY.

L'UNION
SOCIÉTÉ COOPÉRATIVE DE CONSOMMATION

25, rue Riquet, La Villette.

Le 19 mai 1885.

La Société civile coopérative *l'Union*, rue Riquet, 25, accepte avec le plus chaleureux empressement votre invitation au syndicat des Sociétés de consommation de France.

Les charges augmentent sans cesse pour le travailleur; pour élever une famille honorablement il est nécessaire de rechercher le moyen tant désiré d'obtenir une nourriture journalière, saine, suffisante, c'est-à-dire

La vie à bon marché.

Les Sociétés coopératives peuvent atteindre ce résultat. Le livret pour la consommation préparera celui pour la Caisse d'Epargne : sou par sou les familles honnêtes, laborieuses, prendront goût à l'Economie.

C'est le sentier de la vie fructueuse.

Courage, amis de Nimes et du Midi, les délégués de *l'Union* réunis avec les sociétés sœurs du département de la Seine, vous attendent pour vous serrer la main. (Adopté à la réunion hebdomadaire, 19 mai 1885).

POUR LE CONSEIL D'ADMINISTRATION.

LA REVENDICATION

Puteaux (Seine), 20 Mai 1885,

Je comprends parfaitement votre impatience et j'accepte tous les reproches, car plus que jamais, je suis paresseux d'écrire. Il est vrai que j'attendais toujours l'occasion de voir mon ami Vachon, ce qui n'est plus aussi facile depuis que son travail est à Paris ; il part le matin à 4 heures et ne rentre que le soir après 9 heures. C'est malheureuse-ment ce qui l'a forcé à démissionner du Conseil d'admi-nistration et à quitter la Présidence. Celui qui le remplace, M. Martin, est un ami également qui fait tous ses efforts pour continuer la marche progressive de la *Revendication* (la moyenne des recettes journalières, depuis le 1er janvier, est de plus de 1,000 fr.).

Tout le Conseil désire la réussite du Congrès, ainsi que nos amis du dehors. Ne pas reconnaître la nécessité de réu-nir toutes les sociétés en un seul faisceau, ce serait vrai-ment ne pas être coopérateur. Il faudrait être aveugle pour ne pas voir tous les avantages qui peuvent en résulter: « Le bien être et le relèvement des classes laborieuses », et cela, sans le concours de personne.

Vous voyez, cher ami, que je ne peux qu'applaudir à votre heureuse idée et surtout d'en avoir pris l'initiative.

Mon ami Vachon, qui, comme je vous le disais, travaille maintenant à Paris, dans un quartier populeux, (le 11e arrondissement) me charge d'être son interprète auprès de vous, pour vous féliciter et vous dire qu'il reçoit partout des adhésions.

Recevez, etc.

BRIOTET.

SOCIÉTÉ COOPÉRATIVE

DE SAINT-REMY-SUR-AVRE

Saint-Rémy-sur-Avre (Eure et Loir), 20 mai 1885.

Nous avons l'honneur de vous adresser l'adhésion de notre Société au Congrès dont vous avez pris l'initiative. Comme vous, nous croyons aux bons résultats que produirait un groupement des Sociétés coopératives de France et nous tâcherons d'apporter dans ce Congrès, s'il peut avoir lieu, notre contingent d'idées mûries par treize années d'expérience.

Ci-inclus un compte-rendu de nos opérations pendant l'année 1884. Les bénéfices ressortant de ce compte-rendu ne sont en réalité que la plus petite partie des bénéfices dont profitent nos sociétaires, car nos prix de vente sont en moyenne bien au dessous de celui des commerçants de nos localités.

Agréez etc.

LEGRAND.

SOCIÉTÉ ÉCONOMIQUE D'ALIMENTATION

DE CHOISY-LE-ROI ET DE THIAIS

37, rue de la Raffinerie, (Seine).

Choisy-le-Roi, 25 mai 1885.

Ayant eu connaissance par la voix du *Petit Journal* de l'organisation d'un Congrès des sociétés coopératives, le Conseil d'administration de la coopérative de Choisy-le-Roi et Thiais a l'honneur de vous informer par la présente qu'il adhère de grand cœur à ce Congrès et que la Société y sera représentée. Lorsque la date en sera fixée, vous voudrez bien me faire l'honneur de nous le faire savoir et nous tenir au courant de tout ce qui pourrait avoir quelque importance à ce sujet.

Recevez etc.

GAUTIER.

L'UNION COMMERCIALE

Lyon-Saint-Clair, 21 mai 1885.

Nous avons l'honneur de vous accuser réception de votre lettre-circulaire par laquelle nous apprenons l'initiative que les sociétés coopératives de Nimes viennent de prendre.

A ce sujet, notre Conseil d'administration approuve cette initiative et souhaite que le Congrès projeté réussisse. Nous vous dirons que pour le moment nous ne pouvons pas vous promettre d'envoyer un délégué de notre Société à Paris pour le Congrès.

Agréez etc.

COTTON.

LES ÉQUITABLES COOPÉRATEURS

7, rue de Bourgogne, Lyon-Vaise.

Lyon, le 23 mai 1885.

Nous avons reçu votre appel en vue de la réunion d'un Congrès des sociétés coopératives de France, nous estimons comme vous que ces associations ont besoin de s'éclairer mutuellement sur la meilleure organisation et sur les moyens de faire produire à la coopération tout le bien que nous en attendons.

Nos faibles moyens ne nous permettant pas l'envoi d'un délégué spécial, nous espérons nous joindre à d'autres sociétés lyonnaises et nommer un délégué collectif chargé de nous représenter.

N'ayant pas encore six mois de fonctionnement nous serions heureux de connaître celui de votre Société, nous pourrions puiser, dans l'expérience que vous avez, des éléments d'organisation solide ayant fait ses preuves.

Nous vous remercions d'avance, et nous vous prions d'agréer, etc.

Les administrateurs délégués,

MARÉCHAL.　　BUILLET.

L'ÉGALITAIRE

Paris, 21 mai 1885.

Le Conseil d'administration de *l'Égalitaire* a l'honneur de vous informer qu'il adhère pleinement au Congrès des Sociétés coopératives de France, dont les sociétés de consommation de Nimes ont pris l'initiative par la circulaire du 6 mai 1885.

Pour le Conseil d'administration,
LE SECRÉTAIRE.

CHAMBRE SYNDICALE
DES OUVRIERS CONSTRUCTEURS-MÉCANICIENS DE ROUEN

Route de Caen, 15.

Rouen, 21 mai 1885.

La Chambre syndicale des ouvriers mécaniciens de Rouen, qui préside actuellement un économat pour les denrées alimentaires à l'usage de ses adhérents, a l'honneur de vous informer qu'elle adhère à l'idée d'un congrès établi à Paris et vous prie de bien vouloir lui communiquer à temps les renseignements nécessaires à son adhésion définitive.

Gustave COMME.

L'UNION DES MÉNAGÈRES

Saint-Denis (Seine), 8, rue de la Charonnerie.

Nous nous empressons de répondre à votre circulaire du 6 mai courant; d'après avis du Conseil d'administration de *l'Union des ménagères*, nous adhérons en principe à l'idée d'un Congrès des sociétés coopératives de France.

Aussitôt le Comité d'organisation formé, vous nous en aviserez afin que nous puissions nommer un ou plusieurs délégués chargés de nous représenter à Paris.

Agréez etc.

DELAPORTE.

4

LA MÉNAGÈRE

71, rue Dulong, Paris.

Paris, 25 mai 1885.

Je suis chargé par le Conseil de répondre à la circulaire que vous nous avez fait l'honneur de nous adresser, il y a quelques jours ; si nous n'avons pas répondu plus tôt excusez nous, car c'est pour une cause indépendante de notre volonté.

Voici en quelques mots, notre opinion sur l'offre que vous nous faites.

Il y a déjà quelque temps que les sociétés Parisiennes s'occupent à savoir s'il y a lieu d'organiser un Congrès des sociétés de consommation de France à Paris, la Société *la Ménagère* qui l'a discuté dans sa dernière assemblée générale, a reconnu qu'en effet, il était utile, nécessaire même d'organiser ce Congrès. Elle a pensé que c'était le meilleur moyen d'arriver à une entente entre toutes les sociétés de France et de faire prévaloir le principe de la coopération ; elle croit donc qu'un congrès bien organisé pourra rendre de réels services, par la suite, à nos sociétés ; c'est donc dans l'intérêt de toutes les sociétés, que nous avons résolu de soutenir cette thèse devant le *Syndicat* parisien *des sociétés de consommation,* nous pouvons dire que toutes les sociétés syndiquées ont compris comme nous cette nécessité.

Nous ignorons ce que le *Syndicat* vous a répondu, mais quant à nous, nous acceptons de grand cœur votre invitation.

La Ménagère vous remercie sincèrement de votre initiative, et vous prie d'être l'interprète de nos sentiments de fraternité auprès de tous vos amis.

Recevez etc.

A. COUTURAT.

L'UNION

SOCIÉTÉ COOPÉRATIVE

Belfort, faubourg des Ancêtres.

Belfort, 29 mai 1885.

Nous avons pris note de l'article du *Petit Journal* du 15 courant et nous nous empressons de vous annoncer que nous donnons notre adhésion à vos projets ; nous vous souhaitons une pleine et entière réussite et nous espérons que vous voudrez bien nous renseigner sur la marche de votre organisation.

Recevez etc.

R. BOLENDEZ.

L'UNION MONTROUGIENNE

2, rue de Courcelles, Grand-Montrouge

Grand-Montrouge (Seine), le 28 mai 1885.

Le Conseil d'Administration de l'*Union Montrougienne* s'associe au Congrès dont vous avez pris l'initiative.

Et nommera des délégués pour assister au dit Congrès.

Recevez etc.

BERNARAT.

UNION DU PLATEAU DE BELLEVILLE

42, rue des Alouettes.

Paris, le 28 mai 1885.

L'administration de la Société de l'*Union du Plateau de Belleville* me charge de vous envoyer son adhésion au Congrès des Sociétés Coopératives, et vous prie d'agréer tous leurs sentiments de confraternité.

Agréez, etc.

P. VINCENS.

LA VINCENNOISE

100, rue de Montreuil, à Vincennes (Seine).

Vincennes, le 29 mai 1885.

Les membres du conseil d'administration, *La Vincen-noise* (Société Coopérative de consommation), me charge de vous faire connaître que nous adhérons à votre Congrès et vous prient de nous donner connaissance de vos décisions.

F. LADERNIER.

UNION DE CONSOMMATION DU NORD

9, rue des Arts, à Lille.

Lille, le 28 mai 1885.

Je m'empresse de vous adresser mon adhésion au programme tracé par vous et vos collègues dans le numéro du 15 courant du *Petit Journal* de Paris au sujet de la réunion en Congrès de toutes les Sociétés Coopératives de France.

Je vous félicite pour l'heureuse initiative que vous avez su prendre et qui ne peut que profiter à tous et en attendant le plaisir de vous lire je vous serre cordialement la main.

Ovide CLOT, fondateur.

L'AMICALE DE SAINT-OUEN

Rue des Entrepôts. Saint-Ouen (Seine).

Saint-Ouen, le 29 mai 1885.

Nous vous prions de vouloir bien faire part aux Conseils d'administration des Sociétés *l'Abeille Nimoise, la Renaissance* et *la Solidarité*, que, dans notre séance hebdomadaire du 27 courant, nous avons voté à l'unanimité des remerciements auxdites Sociétés Nimoises pour l'initiative qu'elles ont prises d'organiser un Congrès des Sociétés Coopératives de consommation qui doit avoir lieu à Paris.

Nous nous ferons un plaisir de nous faire représenter à

ce Congrès et nous en suivrons les travaux avec intérêt, persuadés comme vous que, par leur union, les Sociétés Coopératives de consommation pourront obtenir des résultats bien plus favorables que ceux acquis jusqu'à ce jour.

Veuillez agréer, etc.

BAUDOIN.

LA FOURMI

249, rue Saint-Denis, Paris.

Paris, le 1ᵉʳ juin 1885.

Le Conseil d'administration me charge de vous faire savoir qu'il applaudit à l'idée d'un Congrès des Sociétés de Consommation de France, aussi vous pouvez compter sur la présence d'au moins deux délégués pour représenter notre Société. C'est assez vous dire que vous pouvez l'inscrire comme adhérente.

Dans l'espoir d'une réussite pleine et entière.

Agréez, etc.

A. BARBIER.

SOCIÉTÉ CIVILE DE CONSOMMATION DU 18ᵉ ARRONDISSEMENT

4, rue Doudeauville, Paris

Paris, 29 mai 1885.

Le Conseil d'administration a reçu votre circulaire et a lu votre lettre avec toute l'attention qu'elle mérite.

Il est flatté des bons souvenirs que vous avez gardés de la visite que vous avez faite à la Société.

Inclus une liste des Sociétés du département de la Seine, afin de vous permettre de faire toute la propagande possible pour le Congrès dont plusieurs sociétés de votre ville ont pris l'initiative.

Voulez-vous bien cependant lui permettre quelques réflexions ?

L'idée d'un Congrès ne peut être qu'approuvée, mais il regrette que votre circulaire ait défini d'une façon aussi précise les questions à examiner.

Ces questions supposent qu'en France l'organisation des Sociétés de consommation est suffisamment parfaite et qu'il ne manque plus, pour leur assurer un avenir prospère, qu'un groupement entre elles.

Il ne saurait méconnaître la valeur de ce dernier moyen, mais il pense très humblement et sans aucune idée de critique qu'il eut été bon de mettre avant tout à l'étude cette question par exemple : *Examen des moyens pratiques les plus propres à assurer le bon fonctionnement des Sociétés de Consommation.*

Le Conseil suivra cependant, avec le plus grand intérêt, tout ce qui se fera et il vous sera infiniment obligé de lui adresser toutes les communications qui se feront.

En vous remerciant de votre aimable invitation, il vous prie d'agréer etc.

B. JENSON.

LA LABORIEUSE

Charenton, le 2 juin 1885.

A ma rentrée à Paris, j'ai trouvé vos deux dernières lettres ainsi que l'appel au Congrès. La Société *la Laborieuse*, 54, rue de la Folie Regnault, dont je suis le mandataire, adhère à votre projet.

Immédiatement je me suis mis en campagne pour connaître ce que couterait un journal spécialement affecté à la coopération. J'ai consulté un ami, ancien directeur de la *Revue Européenne* à Londres, qui a suivi le mouvement coopératif anglais, qui m'a offert son concours pécuniaire et moral et qui doit me faire un spécimen et me donner exactement le prix annuel que couterait cette création, j'aurai le plaisir de vous le communiquer, vous aurez l'obligeance de me faire connaître vos remarques et observations.

Je reprends jeudi prochain le secrétariat du Syndicat, j'espère que toutes les sociétés adhérentes viendront au Congrès, veuillez je vous prie me donner la liste des sociétés qui vous ont donné leur adhésion.

Je crois qu'il serait bon de s'adresser aux Sociétés d'Alsace et de Lorraine. Je veux écrire à un négociant du Hâvre, afin d'avoir leurs titres et adresses.

J'ai toujours été partisan des nouvelles idées coopératives et mon dévouement est acquis n'importe de quel côté elles viennent. Tout à vous.

LASNE.

Société Coopérative des Agents du P. L. M. de Bercy

Paris, le 3 juin 1885

Il m'est communiqué l'appel fait par les Sociétés coopératives de Nimes pour la réunion d'un congrès où se traiteront toutes les questions se rattachant aux sociétés de consommation.

Les agents de la Cⁱᵉ P.-L.-M. de Paris (un certain nombre) ont constitué une société coopérative de consommation depuis le 28 février dernier et, quoique ne devant ouvrir que le 1ᵉʳ octobre prochain, j'ai l'honneur de vous donner entière adhésion au congrès dont vous avez pris l'excellente initiative.

Quoique peu expérimenté en pareille matière, il est néanmoins aisé de comprendre que la réussite de votre idée procurera par la suite de grands avantages.

Nous sommes donc particulièrement intéressés à la complète réussite du congrès proposé.

Veuillez agréer, etc.

HAIRON.

AVENIR DE PLAISANCE

Paris, le 4/6 1885.

Veuillez je vous prie, porter au nombre des adhérentes la société l'*Avenir de Plaisance*, 29, rue Sainte-Eugénie, (Paris.)

LASNE.

SOCIÉTÉS D'ALSACE

Paris, 24/6 1885.

J'ai reçu en son temps vos lettres et cartes. Nous avons eu une réunion préparatoire, une Commission a été nommée pour examiner votre programme, sa mission sera terminée lundi prochain.

J'attendais toujours la liste des Sociétés d'Alsace pour vous écrire, je l'ai reçue hier et vous l'adresse.

La Providence, rue de Lyon (Mulhouse), la Société de *Saint-Amarin* (Haute-Alsace), *l'Espérance*, rue du Deversoir (Mulhouse), *l'Espérance de Dornach* (près Mulhouse), *la Coopérative de Mooges*, *la Fraternelle de Mulhouse*.

On me demande la liste des sociétés adhérentes au Congrès pour la prochaine réunion, pourrez-vous me l'envoyer.

Dans l'attente de vous lire, agréez etc.

LASNE.

SOCIÉTÉ COOPÉRATIVE DE CONSOMMATION DE PICPUS
12, rue Chaligny, Paris.

Paris, le 6 juin 1885.

En réponse à vos lettres des 6 et 23 mai dernier, j'ai l'honneur de vous informer que le Conseil d'administration, dans sa séance du 5 juin courant, a décidé à l'unanimité notre participation au congrès dont les sociétés coopératives de Nimes, ont pris l'initiative.

Veuillez donc, je vous prie, nous comprendre au nombre de celles qui en feront partie.

Agréez, etc.

BORNET.

L'UNION OUVRIÈRE
Paris, 125, rue Oberkampf.

Paris, le 7 juin 1885.

Ordre du Conseil d'administration,

Citoyens, nous adhérons au congrès que vous nous proposez.

GASCHET.

LES FORGERONS DE COMMENTRY
à *Commentry* (Allier)

Commentry (Allier), 8 juin 1885.

J'ai reçu les différentes communications que vous avez bien voulu me faire, concernant le Congrès des sociétés coopératives que vous vous proposez de convoquer prochainement.

Il ne me sera pas possible d'assister à ce Congrès et je ne vois pas davantage le moyen de m'y faire utilement représenter.

Toutefois, je m'empresse de vous dire que je prends le plus vif intérêt aux questions que vous vous proposez d'y étudier et si nous ne pouvons pas y être représentés personnellement, nous tenons à y faire connaître les résultats que nous avons obtenus ici, à Commentry, et qui sont consignés dans une étude que nous avons présentée en 1883 à la Société *d'Economie sociale*.

J'ai l'honneur de vous adresser, avec cette lettre, deux exemplaires de cette étude.

Veuillez agréez etc. GIBON.

TRIBU LYONNAISE
21, rue d'Ivry, Lyon.

J'ai la satisfaction de vous annoncer que la *Tribu Lyonnaise* dans sa séance du 8 juin 1885, au cas ou la fédération lyonnaise n'aboutirait pas à une solution, a décidé par un vote qu'elle serait représentée au Congrès de Paris.

GAGNIOT.

LA FRATERNELLE
Société Coopérative de consommation
Cherbourg (Manche).

Cherbourg, le 8 juin 1885.

J'ai l'honneur de vous informer que le conseil d'administration de la Société Coopérative de consommation *La*

Fraternelle, à Cherbourg, a décidé, dans sa réunion men-
suelle du 6 du courant, que la Société sera représentée au
Congrès par son président. En conséquence, veuillez, je
vous prie, en prendre note !

Votre questionnaire, en vue du Congrès, nous est par-
venu en séance. Je vous ferai parvenir mes réponses dans
quelques jours.

C'est avec un véritable plaisir que nous avons appris la
présence au futur Congrès, des deux délégués Anglais.

Avec mes cordiales salutations, veuillez agréer, et.

Auguste CREULY.

LA VINCENNOISE

Société Coopérative de consommation.

100, rue de Montreuil, à Vincennes (Seine).

Vincennes, 12 juin 1885.

Entièrement dévoué à l'idée coopérative de *consommation*
le conseil d'administration *La Vincennoise* désire ardem-
ment la formation d'un Congrès, et il compte bien s'occuper
avec empressement de sa formation et des questions qui s'y
trouveront débattues.

Mais il tient à rester absolument sur le terrain de l'idée
coopérative, et, par conséquent, s'abstenir dans toute question politique ou religieuse.

L. GOBLIN.

BOULANGERIE CENTRALE COOPÉRATIVE
DE BORDEAUX

30, route de Saint-Médard, Caudéran-Bordeaux.

Bordeaux, 10 juin 1885.

Ayant lu, il y a quelque temps, dans un journal un avis
relatif à un Congrès à tenir entre les Sociétés Coopératives,
Congrès dont l'initiative appartenait à des institutions de ce
genre fonctionnant à Nîmes, j'ai demandé aussitôt à M. le

Maire de votre ville de me donner des détails. Je lui dois de connaître quelques imprimés que vous avez fait paraître ; et c'est ainsi que j'ai pu entretenir de votre projet mes collègues du conseil d'administration de la *Boulangerie centrale coopérative de Bordeaux.* Sur l'avis favorable de ces Messieurs, j'ai l'honneur de vous apporter notre adhésion.

Je vous offre, etc.

Emile DELAGE.

LA TOULONNAISE

Toulon. le 13 juin 1885.

Ayant lu dans le *Petit Journal* que votre Société coopérative était une de celles qui a émis la première l'heureuse idée d'ouvrir à Paris un Congrès de Sociétés similaires, lequel Congrès provoquera, sans doute, un essaim de créations de Sociétés coopératives dont les bienfaits seront immenses, sous tous les points de vue.

Nous venons, nous, Société coopérative de boulangerie *La Toulonnaise* vous prier de recevoir nos plus sincères félicitations pour l'œuvre que vous avez bien voulu entreprendre dans l'intérêt des masses.

Veuillez agréer, etc.

J. VASEILLE.

SOCIÉTÉ DE BLENEAU (YONNE)

Paris, 15 juin 1885.

Comme président de la *Boulangerie Coopérative de Bleneau* (Yonne) et de la Société *l'Apprentissage* qui a créé une école primaire supérieure et d'apprentissage à Bleneau (Yonne), j'approuve complétement l'idée d'un Congrès des Sociétés de coopération, et, dans une prochaine réunion, je prierai les Sociétés dont je suis le président de désigner un ou plusieurs délégués pour les représenter à ce Congrès.

A. DETHOU,
Député.

Société Coopérative de

L'INDUSTRIE DRAPIÈRE DE VIENNE

rue des Clercs, 3.

Vienne (Isère), le 17 juin 1885.

Possédant votre estimée du 18 de l'écoulé, nous avons le plaisir de vous annoncer que les Sociétés *la Fédération* et *l'Industrie Drapière* ont décidé de prendre part au Congrès coopératif de Paris par l'envoi d'une délégation qui représentera les deux Sociétés.

Quant aux questions que vous nous proposez de mettre en discussion à ce Congrès et dont vous nous avez donné communication, par votre dernière circulaire, nous les acceptons dans leur ensemble. En ce qui concerne l'époque à laquelle doit se tenir le Congrès, nous vous laissons le soin de choisir la date qui conviendra le mieux, quoique nous préférerions que cette date se trouve dans la première quinzaine de septembre. Dans tous les cas, nous vous prions de nous faire connaître la date dès qu'elle sera fixée.

Agréez etc.

Pour l'Industrie drapière,   Pour la Fédération,
COLOMBIER.   BERNARD.

L'UNION DES TRAVAILLEURS

Bolbec, 30, rue Thiers.

Bolbec, 29 juin 1885.

C'est avec plaisir que nous vous avons vu prendre l'initiative d'un Congrès traitant des sociétés de consommation et nous vous en félicitons, vous trouverez ci-après les quelques observations que nous pouvons adresser à votre questionnaire, elles nous ont été suggérées par le mal que nous avons à faire réussir définitivement notre entreprise ; espérons que le retentissement que fera le Congrès dans la classe ouvrière, ne les laissera pas plus longtemps inconscients de leur position sociale.

Il est probable que nous n'enverrons pas de délégué, mais nous verrons à nous y faire suppléer par un de nos amis de Paris.

Espérant la réussite de votre œuvre, je vous envoie le salut fraternel.

Pour l'Union,

P.

CHAMBRE SYNDICALE

DES OUVRIERS CONSTRUCTEURS-MÉCANICIENS DE ROUEN

Rouen, le 22 juin 1885.

Nous avons reçu votre communication relative à la base des discussions d'un Congrès. Nous approuvons entièrement votre plan ; quant à la date d'ouverture du premier Congrès, nous aurions préféré le mois d'octobre, afin de donner du temps à l'étude et d'obtenir un plus grand nombre d'adhésions, mais nous apprenons par le *Petit Journal* que la date est fixée au 27 juillet.

Pour la représentation, nous trouvons bon le chiffre de un délégué votant par Société et de un délégué par groupe de 500 membres pour les sociétés nombreuses, mais nous croyons qu'il serait utile de laisser la faculté d'adjoindre à chaque délégué votant un ou plusieurs autres délégués qui n'auraient que voix consultative.

Salut et solidarité.

A. PLANTEROSE.

LA PERSÉVÉRANCE

rue Puits du Cheval, 11.

Romans (Drôme), le 22 juin 1885.

Nous avons reçu vos circulaires concernant l'organisation d'un Congrès des sociétés coopératives de consommation.

Nous donnons notre adhésion complète au Congrès mais, nous trouvant en formation et en très petit nombre, nous ne pouvons à notre grand regret envoyer un délégué mais nous nous ferons représenter par un délégué d'une société de Vienne.

Recevez, etc.

COMBE.

L'UNION FRATERNELLE

rue du Midi, 7.

Voiron (Isère), le 23 juin 1885.

Nous venons vous donner par la présente, l'adhésion pleine et entière à votre honorable comité pour le congrès des sociétés coopératives qui doit se faire d'après votre circulaire, à Paris.

Nous ne pourrons pas envoyer de délégué au Congrès ; vous seriez bien aimable de nous dire quel choix nous pourrions faire pour nous représenter au dit Congrès, afin de pouvoir envoyer nos instructions concernant notre société ainsi que nos idées.

Nous pourrions choisir pour nous représenter soit un citoyen de Nîmes, soit un délégué de notre région auquel nous donnerions nos pouvoirs.

Dans l'espoir que nous recevrons de plus amples renseignements,

Nous vous prions d'agréer, etc.

F. REYNAUD

BOULANGERIE DE ROUBAIX

Roubaix, le 22 juin 1888.

Nous avons bien reçu les circulaires concernant le Congrès, ainsi que votre honorée du 17 courant.

Notre conseil d'administration étant composé d'employés de commerce et de petits patentés qui sacrifient gratuitement leurs heures de loisir aux intérêts de la société, ils ne peuvent absolument pas abandonner leurs affaires pendant quatre ou cinq jours.

Notre société ne sera donc pas représentée cette année

63 —

au Congrès ; mais croyez bien que nous n'en serons pas moins avec vous de tout cœur.

Notre société se compose de onze cents membres et ne s'occupe que de la boulangerie : il y a d'autres sociétés coopératives pour le charbon et l'épicerie.

Nous souhaitons au premier Congrès de la coopération pleine et entière réussite et nous vous prions d'agréer, etc.

Cyrille COQUANT.

BOULANGERIE COOPÉRATIVE D'ANGOULÊME

Angoulême, le 29 juin 1885.

Privé, pour diverses raisons, de pouvoir répondre plus tôt à vos intéressantes communications concernant le Congrès que vous organisez, je vous prie d'agréer mes excuses de ce retard et de vouloir bien noter mon adhésion.

J'ignore encore si je pourrai assister personnellement au Congrès ; mais je souscris d'avance à ma quote-part des frais incombant aux sociétés qui y seront représentées.

Recevez, Monsieur, avec tous mes vœux pour les bons effets de votre si louable initiative, etc.

Le Président,.
BOUCHAUD.

L'UNION

Limoges, le 20 juin 1885.

Nous lisons dans *le Moniteur des syndicats ouvriers de France*, n° 137, et portant la date du 14 au 21 mai 1885 que vous avez pris, de concert avec deux Sociétés de votre ville, similaires à la vôtre, l'initiative d'un congrès des Sociétés de consommation de France, invitant les sociétés éparses sur le territoire et livrées à elles-mêmes, à se joindre à vous, pour une action commune, définie par l'appel que vous faites dans le n° du journal cité plus haut.

Nous vous serions obligés, Monsieur, si vous vouliez bien accepter notre adhésion à cette œuvre éminemment humanitaire.

Nous nous inscrivons pour notre cote-part, à payer les frais du Congrès, mais nous ne pouvons envoyer de délégué.

Nous croyons devoir vous adresser quelques détails sur notre Société, afin que vous puissiez agir en connaissance de cause.

Notre Société se compose de 200 adhérents, avec un avoir approximatif de 10,000 fr. ; notre chiffre d'affaires annuel est d'environ de 45,000 fr.

Je me tiens à votre disposition pour tous les renseignements dont vous auriez besoin, au sujet de notre Société.

Dans l'espoir que vous voudrez bien nous admettre à participer à cette bonne œuvre, agréez etc.

B. Couty.

L'UNION DES TRAVAILLEURS

Rue Robert et rue Derireux, 1.

Saint-Étienne (Loire), le 3 juillet 1885.

Le Conseil d'administration de *l'Union des Travailleurs* à Saint-Étienne a l'honneur de vous informer que vous pouvez compter sur eux et sont adhérents à la prochaine réunion en Congrès que vous aurez avantage de nous faire connaître en temps et lieu.

Recevez, etc.

Vernet.

L'ABEILLE SURESNOISE

7, rue du Mont-Valérien.

Suresnes (Seine), le 7 juillet 1885.

Bien que j'aie refusé mon adhésion au Congrès que vous organisez, je n'en suivrai pas moins avec beaucoup d'intérêt ses travaux. Je serai même très heureux si, contrairement à mes prévisions, le Congrès arrive à résoudre d'une manière pratique quelques-unes des questions qui lui sont soumises.

J'userai donc de la carte que vous avez bien voulu m'envoyer et il est probable que *l'Abeille Suresnoise* désignera, pour la représenter, un second délégué, le nombre de ses membres dépassant 500.

Agréez, etc.

CLAVEL.

Syndicat des Sociétés Coopératives de consommation

15, rue Keller.

Paris, le 6 septembre 1885.

Veuillez, je vous prie, joindre à votre liste d'adhésion au Congrès :

La Société La Bièvre, 48, rue Lacépède ;
Le Syndicat des Sociétés de Consommation.

Avez-vous de nouvelles adhésions, si oui faites-les moi connaître afin que je puisse en donner connaissance dans la réunion préparatoire que nous aurons dimanche prochain, 12 courant.

On me demande si les réunions publiques ne pourraient avoir lieu le soir.

Dans l'attente de vous lire, agréez, etc.

L'Adm^r délégué au *Syndicat*;
LASNE.

Syndicat des Sociétés Coopératives de consommation

25, rue Keller.

Paris, le 11 septembre 1885.

Je vous adresse de nouvelles adhésions au Congrès pour les Sociétés Coopératives de consommation.

L'Abeille de Saint-Ouen, 70, avenue des Batignolles.
L'Avenir de Plaisance, 29, rue Sainte-Eugénie, Paris.
L'Union des Coopérateurs (boulangerie) à St-Ouen. (Blanc, secrétaire).
L'Économie Sociale, 21, rue de la Réunion, Paris.
La Concorde, rue Ordener, 111, Paris.
La Bellevilloise, 21, rue d'Eupatoria, Paris.

J'espère que la réunion de dimanche, 12 courant, nous amènera de nouvelles adhésions, avez-vous invité la *Société Coopérative de Saint-Ouen l'Aumône-Pontoise* (Seine-et-Oise).

Si vous désirez me voir, vous pourrez me fixer un jour à votre choix, à partir de six heures du soir, sauf le mercredi et le jeudi.

Dans cette attente, agréez, etc.

LASNE,
Délégué au Secrétariat.

ÉPICERIE COOPÉRATIVE DU CHEMIN DE FER DE L'ÉTAT

Saintes, le 13 juillet 1885.

J'ai l'honneur de vous adresser mon adhésion à votre idée d'un Congrès des sociétés coopératives. Veuillez, je vous prie, me tenir au courant et m'indiquer un peu à l'avance le jour fixé.

Agréez etc.

T.˙. PETOURAU.

SYNDICAT

DES SOCIÉTÉS COOPÉRATIVES DE CONSOMMATION

15, rue Keller.

Paris, le 14 juillet 1885.

Veuillez noter l'adhésion des Sociétés *l'Avenir de Vaugirard*, 119, rue Lecourbe, Paris ; la Société *la Laborieuse*, 54, rue Folie Regnault, Paris ; *la Solidarité de Pantin* (Seine).

Les Sociétés de la Seine ont décidé de faire une réception aux délégués de province et de l'étranger à l'issue de la réunion du 26. Vous voudrez bien me faire connaître l'heure à laquelle cette réunion aura lieu.

Dans l'attente de vous lire, agréez, etc.

LASNE,
Délégué au Secrétariat.

Si vous êtes d'avis que la Presse assiste au Congrès, veuillez m'adresser quelques cartes.

SYNDICAT

DES SOCIÉTÉS COOPÉRATIVES DE CONSOMMATION

Rue Keller, 15.

Paris, le 17/7 1885.

Je vous adresse deux nouvelles adhésions : *l'Union des ménagères*, 5 rue Charronnerie (St-Denis); *L'Economie Sociale*, 7, rue Reflut, Clichy (Seine).

Veuillez faire parvenir au plus tôt les pièces nécessaires à ces Sociétés.

La Fraternelle de Bas-Meudon (Seine et Oise) adhère au Congrès, mais ne sera pas représentée, ses ressources ne le lui permettant pas.

Tout à vous.
LASNE.

SOCIÉTÉ D'ESSONNES ET DE CORBEIL

Essonnes, 18 juillet 1885.

Le Conseil d'administration de notre Société a décidé qu'il se ferait représenter au Congrès des sociétés coopératives qui doit s'ouvrir à Paris le 27 juillet. Je vous serais obligé d'en prendre note.

H. WIDMER.

SOCIÉTÉ DE TOURCOING

Tourcoing, le 19 juillet 1885.

La *Société Coopérative de Tourcoing* adhère bien volontiers au Congrès, et elle enverra certainement des délégués pour prendre part aux délibérations. Elle désirerait être renseignée sur les questions que le Congrès traitera, sur le nombre de séances qui y seront consacrées.

Veuillez, je vous prie, nous fixer au plus tôt sur ces deux objets et spécialement sur la durée du Congrès.

L. DEWYN.

Société pour faciliter l'étude pratique des diverses méthodes de

PARTICIPATION DU PERSONNEL DANS LES BÉNÉFICES

20, rue Bergère.

Paris, le 21 juillet 1885.

J'ai l'honneur de vous adresser en même temps que cette lettre, pour les membres du Congrès qui va se réunir le 27 courant, cent exemplaires du tableau synoptique de la participation du personnel dans les bénéfices, présenté par notre Société à l'Exposition universelle d'Anvers. Nous tiendrions à votre disposition d'autres exemplaires, si vous le désiriez.

Je vous félicite sincèrement, Monsieur, de l'heureuse initiative que vous avez prise en provoquant la réunion à Paris d'un Congrès des associations coopératives de consommation et je suis heureux de saisir cette occasion pour vous renouveler l'assurance de mes meilleurs sentiments.

Charles ROBERT.

L'ÉCONOMIE DES FAMILLES
DE SOREL MOUSSEL

Sorel-Moussel (Eure-et-Loir), le 25 juillet 1885.

Ayant vu sur les journaux que plusieurs sociétés adhéraient à une réunion à Paris due à votre initiative, pour s'entendre sur les progrès de nos Sociétés, je vous prierais de nous donner les renseignements par retour du courrier pour pouvoir y assister.

Recevez, etc.   A. BAROCHE.

ASSOCIATION AMICALE
de la Société de Dépôts et Consignations.

Paris, 23 juillet 1885

Ayant à m'occuper assez souvent pour l'Association, dont je suis un des administrateurs, des questions de coopération au point de vue des objets de consommation, je serais très désireux de pouvoir assister à la réunion qui doit avoir lieu à la mairie du 4e arrondissement.

En conséquence, je vous serais très reconnaissant de m'adresser, si vous le voulez bien, une carte qui me permette d'assister à la réunion.

Dans cette attente, veuillez agréer, etc.

GRAFF.

LA RUCHE BERRUYÈRE

Rue Saint-Ursin, 6 et 8.

Bourges, le 23 juillet 1885.

Nous avons l'honneur de vous informer que, suivant décision du conseil, en date d'hier, notre Société sera représentée au Congrès en la personne du sieur *Mathieu*, son comptable.

Agréez, etc.

BÉGASSAT.

LES ÉQUITABLES COOPÉRATEURS

Lyon, 24 juillet 1885.

Merci de tous vos renseignements, j'ai réussi à grouper 13 sociétés Lyonnaises qui m'ont délégué au Congrès. Malheureusement je m'y présenterai les mains vides de travaux intéressants.

MARÉCHAL.

SOCIÉTÉ PHILANTROPIQUE COOPÉRATIVE

DE MONTIGNY-SUR-AVRE

Montigny-sur-Avre, le 24 juillet 1885.

Je vous fais savoir par la présente que nous serons très heureux de nous réunir à vous pour former un syndicat des sociétés coopératives, espérant que ce syndicat ne pourra que faciliter l'existence de nos chères sociétés.

Ne pouvant nous rendre à votre réunion, qui doit avoir lieu le 26 ou le 27 courant, nous prions M, Legrand, directeur gérant de la *Société de Saint-Rémy*, de nous y représenter. L'écrivain vous serait très obligé de lui faire parvenir tous les renseignements et documents ayant trait au Syndicat pour qu'il puisse les étudier et les soumettre à son conseil. Vous trouverez ci-inclus quelques rapports sur la marche de notre Société ; il y manque 1884-1885 qui ne sera fait que dans trois semaines environ.

Nous vous souhaitons bonne chance dont votre entreprise et vous présentons nos sincères salutations.

E. MAILLET.

BOULANGERIE COOPÉRATIVE

Lyon, 22 juillet 1885.

Je compte partir de Lyon dimanche et me trouver ainsi à l'ouverture du Congrès le lundi matin, à 8 heures.

Je serai probablement mandaté par une *Boulangerie affectant les bénéfices à la constitution de pensions de retraite*

Pour le cas où il y aurait, à la dernière heure, quelque avis ou communication à me faire tenir, je descends à Paris, Hôtel de l'Europe, 10, rue Notre-Dame des Victoires. J'y serai le lundi à la toute première heure.

Agréez, etc.

P. BLETON.

SOCIÉTÉ DU FAMILISTÈRE

Guise Familistère, le 18 juillet 1885.

Vous me faites l'honneur de m'inviter à assister à la réunion du Congrès.

Je ne pense pas le faire, à moins que M. Neale, qui sera chez moi le 24 c' avec M. Holyoake et Johnstone, ne me décide à les accompagner. Dans tous les cas, M. Deynaud, rédacteur du *Devoir*, ira avec ces Messieurs et sera chargé de représenter la Société du *Familistère* au Congrès.

Permettez-moi de vous faire remarquer que le programme des travaux serait trop restreint, si l'on s'en tenait à la lettre, pour nous permettre de déposer un rapport.

Je désire à ce sujet un mot de vous. Il me semble que ce premier Congrès aurait dû être ouvert à toutes les sociétés coopératives, tandis qu'il ne vise que les sociétés de consommation et d'alimentation.

Votre invitation me permet de penser que le Congrès sera ouvert aux conseils que je puis lui adresser et à l'exposé des avantages que les sociétés coopératives peuvent trouver à s'inspirer des faits acquis au *Familistère*?

Un mot de réponse à ce sujet et veuillez agréer, etc.

GODIN.

ÉCONOMATS DOMESTIQUES

Paris, 25 mai 1885.

Je serai très heureux de prendre part à votre Congrès des sociétés coopératives de consommation, si vous voulez bien m'admettre comme délégué des *Économats domestiques*. Ce sont de véritables sociétés de consommation. Il s'en est fondé un certain nombre en France, sous mon impulsion.

Cette forme de coopération est assez peu connue. Je l'expliquerai volontiers au Congrès, si on le désire.

Veuillez agréer, etc.

J. LUDOVIC DE BESSE. f. m. c.

LA PRÉVOYANCE MUTUELLE

4, *rue Lanterne*.

Lyon, 20 juillet 1885.

J'ai l'honneur de vous informer que *la Prévoyance Mutuelle* sera représentée au Congrès coopératif, dont vous êtes le dévoué promoteur, par un de ses rédacteurs et administrateurs, M. P. A. Bleton.

Je représenterai une association coopérative pour *le chauffage* dont je suis membre.

J. CLÉMENT.

BOULANGERIE MÉNAGÈRE
15, rue Perrod.

Lyon, 25 juillet 1885.

Je suis mandaté par la *Boulangerie ménagère*, 15, rue Perrod (Croix-Rousse), société qui affecte 9 %, des bénéfices à la constitution de pensions de retraite.

Pl. BLETON.

UNION ÉCONOMIQUE DE BORDEAUX
143, rue de la Trésorerie.

Bordeaux, le 25 juillet 1885.

Je m'étais proposé d'aller à Paris représenter dans le Congrès dont vous avez si utilement pris l'initiative, l'*Union économique de Bordeaux*, dont j'ai l'honneur d'être le président.

Si j'y étais allé j'aurai donné sur cette institution des détails qui auraient peut-être intéressé nos collègues en coopérations, empêché de réaliser ce projet, je dois jeter en hâte quelques lignes sur le papier et je prierai M. Delvaille mon parent, qui représentera à mon lieu et place l'*Union économique de Bordeaux*, de vous les communiquer.

Je vous prie, Monsieur et honoré concitoyen, d'assurer le Congrès de toutes mes sympathies et je vous prie de croire personnellement à mes sentiments les plus distingués.

George DELVAILLE.

L'UNION DES MÉNAGÈRES
8, rue de la Charonnerie.

Saint-Denis, le 11 juillet 1885.

Nous avons étudié tout le questionnaire que vous nous avez soumis, et nous sommes d'avis qu'il y ait une réception officielle des délégués de province et étrangers.

Le moyen de faire la réception, nous vous donnons plein pouvoir, quant aux frais qui en découleront, nous serions d'avis qu'ils soient supportés au prorata du nombre de sociétaires des Sociétés adhérentes.

Nous vous prions de nous envoyer le résultat de vos décisions ainsi que l'heure de l'ouverture du Congrès.

Veuillez agréer, etc:

HŒLT.

LA REVUE SOCIALISTE

19, faubourg Saint-Denis.

Paris, le 26 juillet 1885.

Il m'est, à mon grand regret, impossible de me rendre à votre cordiale invitation et je vous prie de m'excuser.

Je n'en reste pas moins sympathique à votre réunion et à votre œuvre. A la *Revue socialiste*, nous nous ferons un devoir de reproduire et de commenter favorablement les résolutions que vous croirez devoir prendre.

Recevez, etc.

B. MALON.

L'ÉCONOMIE SOCIALE

7, rue Reflut.

Clichy, le 16 juillet 1885.

Le conseil d'administration de notre Société a décidé d'envoyer un délégué au Congrès des Sociétés Coopératives devant commencer le 27 juillet.

Nous venons, en conséquence, vous prier de vouloir bien inscrire notre adhésion, et nous adresser le programme des objets à traiter, en même temps que vous voudrez bien nous faire connaître toutes formalités à remplir à cet effet.

Croyez, etc.

BONNE.

SOCIÉTÉ OUVRIÈRE DE PRODUCTION

Paris, 9 juillet 1885.

La Société centrale ouvrière *en formation* sous le nom de *Fédération des travailleurs Français*, organisée comme Société de production sous forme de commandite simple, désire savoir si elle peut envoyer un ou deux délégués au Congrès du 27 juillet prochain.

Elle vous prie de vouloir bien lui transmettre les renseignements nécessaires à cet effet.

Salut fraternel. CUVILLIER.

SOCIÉTÉ DE CONSOMMATION

DES OUVRIERS EN TISSUS DE SÉDAN

Paris, le 25 juillet 1885.

Je reçois communication de la Chambre syndicale des Ouvriers en *Tissus de Sedan* — communication de bien vouloir les représenter au Congrès des Sociétés de Consommation devant avoir lieu à Paris. Étant leur correspondant, comme délégué de leur Chambre syndicale, je m'empresse donc, Monsieur, de vous faire connaître leurs désirs et de solliciter près de vous une carte d'entrée pour le dit Congrès, et vous prie de bien vouloir considérer la *Société de Consommation des ouvriers en Tissus de Sedan* comme adhérente au Congrès.

Veuillez agréer, etc.

A. SOUCHET.

CHAMBRE CONSULTATIVE DES SOCIÉTÉS DE PRÉVOYANCE

de secours mutuels et de retraites

4, rue du Fauconnier.

Paris, 28 juin 1885.

J'ai bien reçu votre dernière liste des Sociétés adhérentes au Congrès du 27 juillet. Si vous en aviez de nouvelles d'ici le 28, je vous serai bien obligé de me les adresser pour le prochain numéro de *L'Echo*.

J'ai adressé le journal aux Sociétés adhérentes et continuerai jusqu'à l'ouverture du Congrès, la date du 27 juillet me paraît favorable.

Monsieur, dans ma dernière lettre, je vous ai demandé si notre *Chambre Consultative* pouvait envoyer deux délégués au Congrès, la Société de Consommation faisant partie de notre programme d'études, je crois que vous pouvez nous admettre ; le Conseil se réunira jeudi, je ferai la proposition, s'il y a lieu.

Dans l'attente de votre bonne visite à Paris et du succès de votre bonne œuvre, recevez, etc.

E. COROIX.

Caisse populaire du 18ᵉ arrondissement

18, *boulevard Barbès.*

Paris, le 23 juin 1885.

Nous avons appris que vous organisiez en ce moment un Congrès des Sociétés Coopératives Françaises. Ce Congrès doit avoir une importance considérable au point de vue de la cohésion de toutes ces Sociétés, aussi en notre qualité de Société coopérative de *Crédit mutuel*, nous désirons vivement en faire partie.

Nos relations et les rapports que nous avons avec un grand nombre de Sociétés Coopératives de Paris sont un titre qui nous permet d'espérer que vous voudrez bien nous admettre dans cette assemblée.

Veuillez agréer, etc.

(1)

(1) Beaucoup de signatures sont illisibles, peu sont très lisibles, nous avons du estropier beaucoup de noms, nous le regrettons vivement.

CAISSE POPULAIRE DU 10ᵉ ARRONDISSEMENT

22, boulevard de Strasbourg.

Paris, le 2 juillet 1885.

Un journal financier nous apprend la prochaine réunion d'un Congrès des *Sociétés coopératives de France.*

En notre qualité de Société coopérative *de Crédit*, nous venons solliciter l'honneur de par'iciper aux travaux du Congrès qui, d'après notre Journal, doit se réunir le 27 courant.

Nous vous serions très obligés, Monsieur, de nous faire connaître les conditions auxquelles notre admission pourra être prononcée.

Par le même courrier nous vous adressons un exemplaire de nos statuts,

Veuillez agréer, etc.

J. BARBE.

CAISSE POPULAIRE DU 3ᵉ ARRONDISSEMENT

4, rue Pastourelle.

Paris, le 22 juillet 1885.

Nous avons l'honneur de vous demander de bien vouloir accueillir notre Société coopérative, au Congrès des dites sociétés que vous formez à Paris.

Nous croyons savoir que le Comité d'organisation donne une carte d'invitation par groupe de 500 sociétaires, nous vous informons donc que notre Société compte 553 adhérents.

Nous vous prions de nous excuser de vous adresser notre demande aussi tard, nous ignorions à qui il fallait la faire parvenir ; nous devons à notre collègue de la *Caisse populaire du 10ᵉ arrondissement*, les indications qui nous étaient nécessaires.

Veuillez agréer, etc.

ROHRER.

CONGRÈS

Un rapport sur le 1ᵉʳ Congrès des Sociétés Coopératives de Consommation, rédigé par M. Fougerousse, actuellement secrétaire général de la Fédération, a paru chez MM. Guillaumin et Cᵉ, rue de Richelieu, 14, au prix de 1 franc et, pour ne pas répéter ce qui a été dit, nous donnons l'appréciation des journaux de Paris sur ce Congrès. Nous ne reproduisons *in extenso* que les articles du *Temps* et le rapport de M. Holyoake, délégué anglais, historien des pionniers de Rochdale, désigné au dernier moment, avec M. Johnstone, pour remplacer M. Acland. Ce rapport fait par un homme qui ne connait pas un mot de notre langue, a un certain cachet d'originalité; il a paru dans le *Cooperative News*.

Le *Temps* des 28, 29, 30 et 31 juillet 1885 :

Ce Congrès, que nous avons eu le plaisir d'annoncer des premiers, a tenu hier soir sa première séance à la mairie du 4ᵉ arrondissement.

Quatre-vingt-neuf Sociétés ont répondu à l'appel qui leur avait été adressé. Ce n'est, il faut bien le dire, qu'une faible partie des Sociétés qui existent en France ; mais, pour un début, on doit regarder comme un réel succès d'avoir pu réunir déjà autant d'adhésions.

La séance d'hier soir a ressemblé à toutes celles qui sont consacrées à l'organisation et à la mise en train d'un Congrès : c'est dire qu'on y a beaucoup parlé et fait beaucoup de bruit sans grande besogne apparente. Mais il faut bien en passer par là. — Les journaux auront-ils ou bien n'au-

ront-ils pas le droit de nommer les membres du bureau et
ceux du Congrès ? - Les réunions auront-elles lieu à la
mairie du 4ᵉ arrondissement ou bien ailleurs? — Les séances seront-elles publiques ou privées ? — Les Sociétés de
production, représentées au Congrès, auront-elles voix déli-
bérative ou bien simplement voix consultative ? — Les ban-
ques populaires, qui ont envoyé également des délégués,
seront-elles assimilées à ce point de vue aux Sociétés de
production, et les unes et les autres voteront-elles dans les
mêmes conditions ? Les délégués voteront-ils par tète ou
par Sociétés, plusieurs d'entre eux représentant plus d'une
Société ? Un délégué lyonnais, par exemple, représente
treize Sociétés coopératives de consommation de Lyon. —
Les séances auront-elles lieu le matin, l'après-midi ou le
soir ? Y aura-t-il des commissions, et combien ? Sur tous
ces points, de vifs échanges d'idées ont eu lieu ; des votes,
avec la contre-épreuve obligatoire, ont été émis ; si bien
que, à onze heures, aucune des questions que doit étudier
le Congrès n'avait pu encore être abordée.

Les délégués de la province s'en montraient chagrins.
Nous n'avons pas de temps à perdre, disaient-ils, et nous
ne sommes pas venus ici pour toutes ces discussions de
pure forme.

Qu'ils se rassurent, cependant. A la séance de ce soir,
sans doute, le vrai débat pourra commencer.

Il a, au surplus, été dit, dès hier soir, des choses intéressantes. Le président du Congrès a fait un rapide exposé
de la situation des Sociétés coopératives en Angleterre et
en Allemagne. Il l'a montrée, ce qu'elle est, extrêmement
florissante. C'est donc un précédent des plus encourageants.
Nous ajouterons, du reste, que la France possède des institutions nombreuses, souvent prospères, et dont le seul tort
est de fuir en quelque sorte la publicité. Il nous souvient que
lors des grèves du Nord, quand nous visitâmes Roubaix,
nous ne pûmes mettre la main sur les rapports de la boulangerie coopérative de cette ville que grâce à une rencon-
tre en quelque sorte fortuite et à une sympathie person-
nelle dont le souvenir nous est resté précieux

Il nous fut permis ainsi d'écrire l'histoire de cette Société ;

elle est, aujourd'hui, dans le domaine public. Mais combien d'autres ne sont pas dans la même situation, inconnues comme l'était alors celle-là, et pourtant non moins vivaces? A Lyon, que nous visitions dernièrement, nous avons, en quelques jours, réuni des documents sur trente-trois Sociétés coopératives, et nous croyons qu'il en existe dans cette seule ville, plus de quarante. Si le Congrès pouvait arriver à révéler à la France toutes ces richesses, il aurait rendu déjà un signalé service.

2ᵉ Séance.

La deuxième séance du Congrès des Sociétés coopératives de consommation, dégagée de toutes les questions de détail dans lesquelles les délégués s'étaient quelque peu embarrassés dans la première réunion, a été assez bien remplie ; on s'est empressé d'approuver le procès-verbal de la première séance, et d'accepter l'offre qui était faite par le directeur d'aller mercredi visiter l'Exposition du travail ; après quoi on est entré immédiatement dans la discussion des questions soumises au Congrès.

Le délégué de l'*Abeille*, de Nimes, a donné lecture du rapport du comité d'organisation dans lequel il explique comment l'idée du Congrès est venue aux trois Sociétés qui existent dans cette ville et qui, depuis de nombreuses années, se sont associées pour l'étude des questions sociales, sous le titre de Société d'*Economie populaire* de Nimes (1). « Dans nos réunions, dit le rapport, nous faisions de tristes comparaisons entre la France et l'Angleterre et nous craignions qu'il ne fût impossible de réunir assez de monde pour avoir un Congrès, lorsqu'on nous apprit qu'à la première réunion coopérative en Angleterre (1869) il n'y avait que soixante-trois assistants dont trente seulement représentaient des Sociétés de consommation. Nous avons bien trente délégués, pensâmes-nous, et notre parti fut vite pris. »

On distribue ensuite un long rapport d'un délégué anglais, M. Vansittart-Neale, sur la coopération dans la Grande

(1) Nous donnons les Statuts de cette société aux *annexes*.

Bretagne et en Allemagne, et on passe immédiatement à la discussion d'un projet de fédération des Sociétés coopératives de consommation et à la création d'une chambre consultative. Dans la journée avaient eu lieu deux réunions privées dans lesquelles le projet avait été élaboré par quelques délégués. Il est décidé que cette chambre consultative aura son siège à Paris, qu'elle se composera de vingt et un membres, que sa mission consistera à fournir aux Sociétés fédérées tous les renseignements qui leur seront nécessaires, à établir une statistique de toutes les Sociétés de consommation fédérées ou non et à servir d'arbitre dans les différends entre les Sociétés fédérées et leurs membres dissidents. Son fonctionnement sera assuré par un versement de cinq centimes par chaque membre associé, jusqu'à ce qu'une masse de 3.000 francs soit constituée. Cette masse sera constamment maintenue à la somme de 3.000 francs à l'aide d'appels de fonds qui seront faits tous les trois mois à chaque Société fédérée. Toutes les dépenses du comité consultatif seront justifiées par des pièces comptables et approuvées par le Congrès annuel qui se tiendra dans les diverses villes où il existe des Sociétés de consommation.

Dans la séance de ce soir, le Congrès s'occupera de la question des achats.

3ᵉ Séance.

Dans sa séance d'hier, le Congrès des Sociétés coopératives de consommation s'est occupé de la question des achats. On a décidé la création d'une *chambre commerciale coopérative* composée de vingt et un membres, dont le siège sera à Paris. Cette chambre aura pour mission de se mettre en rapport avec les producteurs ou marchands et de faire connaître aux Sociétés fédérées les conditions auxquelles elles pourraient obtenir les produits. Elle pourra également traiter pour leur compte lorsqu'elles l'y autoriseront, mais dans aucun cas ces Sociétés ne seront tenues d'avoir exclusivement recours à elle. Les frais qu'entraînera le fonctionnement de cette chambre commerciale seront couverts par une cotisation de dix centimes par sociétaire.

L'idée de la création de magasins généraux dans lesquels la chambre commerciale aurait concentré les produits achetés à l'avance a été repoussée. On a objecté que certains produits susceptibles de fluctuations dans les prix risqueraient de rester en magasin et de se détériorer. On a mieux aimé borner le rôle de la chambre commerciale à un simple courtage gratuit au profit des Sociétés syndiquées.

Cette chambre commerciale enverra tous les trimestres à chaque société le résultat de ses opérations, et les sociétés à leur tour lui feront connaître le nombre de leurs membres et les approvisionnements qui pourraient leur être nécessaires.

Les essais de syndicat des sociétés de consommation qui ont été tentés jusqu'à ce jour n'ont pas donné tous les résultats qu'on était en droit d'espérer. Les grandes sociétés qui auraient pu leur apporter un appoint considérable s'en sont tenues systématiquement éloignées, ne voulant pas engager leur crédit dans une association avec des sociétés peu nombreuses et d'origine trop récente. On espère les rallier à un groupement général qui, grâce à l'importance des achats qu'on pourrait traiter, offrirait des avantages sensibles pour tout le monde. Sans se prononcer catégoriquement sur ce point, les délégués de ces sociétés n'ont pas paru repousser *à priori* l'idée de cette création d'une chambre commerciale.

La fin de la réunion a été consacrée à la désignation des sociétés parmi lesquelles devaient être choisis les membres de la chambre commerciale. L'élection définitive ne doit avoir lieu que dans la séance de ce soir, afin que les délégués de province puissent voter en parfaite connaissance de cause. Il a été convenu, du reste, que ces membres pourraient se faire suppléer par des associés de leur société qui offriraient des aptitudes spéciales.

Quatrième et dernière séance.

Le Congrès a tenu hier soir sa quatrième et dernière séance générale. Il s'agissait surtout de procéder à la nomination des sociétés à qui sera confié le choix des membres

6

devant composer, d'une part, la chambre consultative et la chambre économique (chambre d'achats), d'autre part, une commission provisoire exécutive. Celle-ci, au mandat tout limité, aura pour objet de recevoir tous documents et communications, et, au besoin, de convoquer le deuxième Congrès, dont la réunion a été décidée pour l'année prochaine, et qui devra se tenir à Lyon.

La seule discussion digne d'une mention est celle qui a porté sur le nom de la chambre d'achats. Divers membres ont exprimé la crainte que, si l'on adhérait à l'idée d'introduire, dans le titre à adopter, le mot de « commercial », le fisc ne vit, dans la nouvelle organisation, une association faisant le commerce, et susceptible, comme telle, de subir une patente.

L'expression de « syndicat » a été écartée, de même comme prêtant à des débats possibles, au point de vue de la légalité de l'association. Pour nous, il est résulté de cette discussion générale cette conviction, que les membres des unions coopératives redoutent, à tort ou à raison, l'application des lois existantes, lois qui n'ont certainement pas visé la coopération. Ni la loi de 1867 sur les sociétés, ni celle de 1884 sur les syndicats, n'a eu, pour la coopération, ce large esprit de libéralisme et de prévoyance qui serait si désirable. A cet égard, la prétendue réforme de la loi sur les sociétés, qui a été dernièrement admise par le Sénat, aurait plutôt empiré les choses. La prochaine législature aura, vraiment, beaucoup à faire, si elle veut mettre nos lois en harmonie avec les désirs légitimes et les intérêts des travailleurs.

Finalement, le titre de chambre économique l'a emporté. Il est assez vague, en effet, pour ne rien compromettre, en même temps qu'il est assez large pour embrasser toutes les initiatives et tous les progrès.

Les sociétés qui ont été choisies pour nommer les délégués qui composeront la commission exécutive sont les suivantes : les sociétés de Reims, de Grenoble, de Commentry, le Syndicat et la Moissonneuse de Paris.

Après un discours du délégué du *Familistère de Guise* — remerciement chaleureux aux délégués étrangers et aux organisateurs du Congrès — la séance a été levée au milieu des applaudissements de l'assemblée.

Le Temps donne ensuite la liste des 85 sociétés représentées au Congrès.

L'article se termine ainsi :

A côté de ces sociétés, qui sont toutes, si nous ne nous trompons, des sociétés de consommation, d'autres associations avaient, on le sait, pris place, et leur intervention ne laisse pas que d'être, elle aussi, des plus remarquables. En voici la liste :

1° Associations étrangères : *l'Association mutuelle coopérative de Genève* et *la Chambre consultative des associations anglaises de production* ;

2° Associations françaises : *Familistère de Guise* ; *Chambre consultative des sociétés de production de Paris* ; *Comité général des sociétés de secours mutuels de Lyon* ; *Chambre consultative des mutualités parisiennes* ; *Sociétés de secours mutuels de Rambouillet* ; *Chambre syndicale des ouvriers mécaniciens de Rouen* ; *Industrie drapière* ; *Ecole primaire supérieure de Bléneau* ; *Caisse populaire du 17e arrondissement* ; *Caisse populaire du 18e arrondissement*.

Pour grouper tous ces concours, il a fallu, n'hésitons pas à le dire, tout le dévouement et toute l'énergie du véritable organisateur de ce congrès, le trésorier de *l'Abeille nimoise*. Pourquoi ne le nommerions-nous pas ? Le vœu, qui a été exprimé, qu'aucun nom ne fut donné par la presse, vœu auquel nous avons jusqu'ici déféré, a été hier même exceptionnellement écarté en faveur de M. de Boyve, à qui des remerciements personnels ont été votés par acclamation. Cette récompense lui était bien due, et nous tenons à y joindre notre salut le plus cordial.

RAPPORT DE M. HOLYOAKE

Publié dans le « Cooperative News ».

Le Congrès s'est réuni pour faire avancer « la solution de la question sociale ». Des centaines de volumes ont été écrits sur ce sujet. Après avoir visité Guise, on voit que cette solution peut être facilement résolue par un homme de cœur. Un industriel retient un salaire sur ses bénéfices comme directeur en chef, et 5 % sur son capital net ; il distribue le reste à ses ouvriers proportionnellement au résultat de leur travail, pour leur fournir tout ce dont ils ont besoin : habitation, éducation et le reste. Et voilà la solution du problème. Toute autre discussion sur cette question consiste simplement à essayer de découvrir comment le capital peut être bienfaisant en ne donnant rien. C'est ce qui rend le problème si difficile à résoudre.

Après un court repas à l'hôtel Continental, nous nous rendîmes au Congrès. Le message des coopérateurs anglais aux coopérateurs français, que M. Neale avait eu soin de faire imprimer en français, était prêt à être distribué. M. A. Marty, membre du Conseil de l'Union des Chambres syndicales ouvrières de France, prit et porta avec une patience inouïe cet énorme paquet de mille rapports ! Les écrits des parisiens sont légers et délicats, mais ceux de provenance anglaise sont lourds et accablants. M. Marty, sous les rayons d'un soleil africain, dut se rendre compte du poids spécifique du fardeau qu'il portait ! Juste ciel ! Quel soleil que celui de Paris ! Heureux sont ceux qui éprouvent du plaisir sous ses rayons brûlants ! En juillet et en août le soleil de la Seine fait toujours son service, plus que son service même ; le soleil de Londres n'en fait que la moitié ; on peut le comparer à un trades-unioniste, travaillant le moins

possible pour son salaire, ou à un industriel cachant à ses
employés l'or produit par les bénéfices de son commerce.

La mairie du quatrième arrondissement, placée derrière
l'hôtel de ville, est un édifice solidement bâti. Son architec-
ture sévère donnait quelque chose d'imposant au premier
Congrès coopératif.

M. de Boyve, délégué de Nîmes, fut nommé président,
M. Deynaud, de Guise, avait été aussi proposé. M. Neale et
moi nous fûmes désignés pour être présidents d'honneur et
et on nous fit prendre des places l'un à droite et l'autre à
gauche du président.

On nous acclama, hommage rendu aux Sociétés qui nous
avaient envoyés, et nous restâmes à la tribune pendant
toute la durée du Congrès. M. de Boyve s'acquitta de ses
fonctions avec le plus grand zèle, veillant sur la marche
régulière des affaires portées à l'ordre du jour et fournissant avec une rapidité qui me paraissait extraordinaire,
tous les renseignements qui lui étaient demandés.

Quoique les réunions publiques existassent déjà en Angleterre du temps des Saxons, nous n'avons cependant pas
eu à établir encore les droits de l'assemblée et un président
n'a aucun pouvoir légal pour maintenir l'ordre. En France,
où le droit de réunion est à peine reconnu, et où les habitudes parlementaires ne sont pas entrées dans les mœurs, il
y a naturellement moins de méthode que chez nous. Cependant on peut dire que le Congrès a été sage, a montré un
réel bon vouloir et a obtenu de bons résultats.

Les Français ont plus de spontanéité, plus d'ardeur que
nous; leurs discours ont un brillant et une grâce naturels;
sur ce point leur Congrès a surpassé le nôtre. Le mouvement
des orateurs était prodigieux; quand ils avaient attiré l'attention du président, leurs bras étaient dirigés en haut, en bas,
aussi loin que le bras pouvait aller; il semblait qu'ils allaient
atteindre le président lui-même. Alors l'un d'eux quittait
son siège, faisant, comme Hamlet, un monologue; c'était
déjà une partie de son discours. Puis, regardant en face
l'assemblée, le tranquille acteur lançait une décharge générale de paroles qui semblaient sortir d'une mitrailleuse. Su-
bitement le bruit cessait et l'orateur marchait silencieuse-

ment à sa place, comme si rien ne s'était passé. Pendant
ce temps un orateur répondait, et l'on s'apercevait que
pendant que le premier se rendait si tranquillement à sa
place il avait retourné ses oreilles, comme un lièvre, pour
ne rien perdre de ce qui se disait derrière lui. En effet, aus_
sitôt que l'on tournait la tète on voyait déjà le premier orateur qui répondait à son interrupteur en lançant une nouvelle décharge. Chaque orateur accompagnait ses conclusions des gestes les plus étranges. Toutes les paroles
emphatiques, véhémentes, décisives, prophétiques, de
malédiction, de bénédiction avec lesquelles quelques-uns
terminaient leurs discours étaient suivies de mouvements
de bras qui montaient, descendaient, prenaient une courbe
gracieuse, imitaient le mouvement de la vague et finissaient
par faire le moulinet. Il semblait alors que les bras dispa-
raissaient dans les airs et que la tète de l'orateur restait
seule visible.

Vifs comme ils l'étaient, les délégués convinrent que les
discours ne dureraient pas plus de cinq minutes, ainsi que
dans les congrès anglais. Mais l'abnégation était moindre
que chez nous ! Car un orateur français peut dire plus de
choses en cinq minutes que n'importe quel nglais en vingt
minutes. Il serait bon pour des coopérateurs anglais de voir
le feu que certains Français mettent dans la discussion.
Ceux qui connaissent la lenteur et l'insouciance des Anglais,
quand il s'agit d'une idée nouvelle ou de lancer un projet,
seraient satisfaits de l'ardeur montrée par le Congrès de
Paris dans l'examen des questions et dans leur adoption. Il
est vrai qu'Amiel dit qu'un Français est très porté à penser
qu'une fois une bonne chose dite, elle est faite. C'est parce
qu'ils s'expriment si bien qu'il ne leur parait plus nécessaire de mettre leurs paroles à exécution. Le Congrès a montré un esprit vraiment pratique en agissant autrement.

Le débat de la Chambre économique, qu'on peut comparer à notre « Société d'achats en gros » (*Wholesale*) a été
marqué par beaucoup de sens pratique. L'histoire de l'expérience française ressemble à celle de l'Amérique. Il serait
fort intéressant d'en faire le tableau. Les sociétés françaises
sont dans la situation de celles qui existaient en Angleterre

du temps du Dr King et de lady Noël Byron. Nous aurions
des renseignements intéressants à donner, dont les sociétés françaises pourraient profiter. Un jour M. Neale et
M. Acland trouveront peut-être le temps de le faire.

Le Congrès peut être comparé au premier qui s'est réuni
en Angleterre. Nous avions un parti politique (les chartis-
tes) qui nous faisait de l'opposition parce qu'il s'imaginait
que nous détournions l'attention de ceux qui voulaient les
libertés politiques. Le parti de la tempérance était contre
nous parce qu'il croyait que la coopération retarderait la
prohibition ; les trades-unionistes se méfiaient de nous
parce que la coopération était opposée aux grèves. Les
coopérateurs français sont dans cette période. Les partis
existants ne voient pas que la coopération est une force
distincte, qui peut servir les intérêts de tous les partis sans
se mêler à aucun.

La température de la salle du Congrès était considéra-
blement élevée. Quelques robustes délégués avaient noué
leurs mouchoirs autour du cou, de manière à arrêter la
transpiration au passage. Je fus surpris de voir que les
délégués étaient tous des hommes bien bâtis. La coopération doit avoir quelque influence sur la taille.

Ne pouvant pas réussir à connaître le nom de tous ni à
comprendre ce qui se disait, j'ai étudié l'extérieur des délégués. Il y avait le délégué blanc, avec un costume complè-
tement blanc ; il y en avait un autre dont les vêtements, les
cheveux et le teint étaient noirs, et qui semblait venir d'un
pays lointain. Il y avait l'orateur pâle et l'orateur co-
loré. Les cheveux blancs et les cheveux d'ébène étaient bien
portés. L'un était sévère d'aspect, l'autre sage ; un autre
avait la tête comme Edgar Poë ; il y en avait un d'une char-
pente admirable ; celui-ci était disloqué et ses membres
semblaient complétement détachés du corps ; celui-là
avait le regard de Saint-Just. Tous étaient énergiques et
j'avais grand plaisir à les voir s'adresser au président. Tous
l'avaient fait sauf un : lui seul était silencieux ! Je le fis remarquer à M. de Boyve pour qu'il lui donnât la parole.
Ainsi fut fait, et il se trouva qu'il avait énormément de
choses à dire.

Un délégué, si j'ai bien compté, a parlé quarante fois. La règle des cinq minutes ne lui a pas été appliquée, mais, comme il arrivait quelquefois que quarante délégués parlaient à la fois, comme cela a eu lieu au Congrès anglais, cela faisait compensation et les limites réglementaires étaient respectées.

M. Neale me prévint si tard que je devais quitter l'Angleterre pour aller au Congrès, qu'il était six heures et demie quand j'arrivai à l'embarcadère de Canon street, et le train partait à sept heures ; je n'avais donc qu'une demi-heure pour apprendre la langue française. Aussi, quand j'arrivai à Paris, je m'aperçus que je n'en savais pas un mot. Ne pouvant suivre les orateurs, j'avais une impression plus profonde de leur manière d'être. Quand un tumulte avait lieu, à mon grand regret, cela ne durait pas longtemps : il cessait tout d'un coup et était suivi de ce que Sidney Smith appelle « de brillantes lueurs de silence ». M. Marty pouvait calmer un orage avec quelques mots saisissants ; M. Daynaud m'a paru être l'orateur le plus consommé. Dans un des derniers discours il a fait sur notre compte d'éloquentes allusions. Si, à ce moment-là, j'avais compris ce qu'il disait de bienveillant à mon égard, j'aurais rougi avec une modestie qui aurait produit bon effet, tandis que j'avais un visage totalement indifférent. Heureusement que la figure plus intelligente de M. Neale se colora d'une manière visible et sauva ainsi la réputation de modestie qu'auraient perdue autrement les délégués anglais.

Appréciation des Journaux sur le Congrès

(Extraits)

Le *Moniteur des Syndicats ouvriers* : L'impression de la première séance qui a laissé quelques hésitations dans l'esprit des délégués qui se rencontraient pour la première fois, a été bien vite effacée par la tenue absolument pratique des séances suivantes. Ce qu'il y a de certain, c'est que le Congrès a comblé une lacune très préjudiciable aux intérêts des coopérateurs qui, désormais, grâce à lui, auront des points de contact et sauront se relier dès que cela sera nécessaire.

La *Lanterne* : Si le Congrès n'a pas résolu toutes les questions relatives à la coopération, félicitons-nous que les principales Sociétés coopératives de France soient réunies maintenant dans un même faisceau. C'est le point de départ d'une nouvelle puissance.

Le journal des *Débats* du 31 juillet 1885 :

Un Congrès des Sociétés coopératives de consommation s'est tenu pour la première fois à Paris, ces jours passés. Au lieu de donner le détail des délibérations, il nous a paru plus intéressant d'examiner l'ensemble des résolutions prises par les délégués.

Aussi bien, si ce Congrès avait son importance, s'il a abouti à des décisions sérieuses, les séances n'ont-elles pas été sans confusion, résultat presque inévitable de l'inexpé-

nous laissons facilement aller aux querelles de détail, aux particularités sans intérêt, à l'esprit de contradiction. Il était curieux et un peu attristant d'observer à ce point de vue les travaux du Congrès : les délégués de province, venus avec l'intention arrêtée de faire œuvre utile, passait des journées entières à discuter l'application pratique des créations nouvelles dont ils reconnaissaient la nécessité. Puis le soir, lorsque les rapports étaient lus devant l'assemblée générale, on s'abandonnait à la joie de discourir, de contredire, de critiquer. Les orateurs succédaient aux orateurs, à la grande stupéfaction des délégués anglais et suisses. Les parisiens surtout faisaient merveille. A la fin, d'ailleurs, on s'apercevait généralement qu'on était d'accord et qu'un quart d'heure de réflexion eût élucidé la question embrouillée par des heures de parlementarisme.

Si donc le Congrès, en ces quatre jours, a parfait l'œuvre qu'il s'était assignée, il faut en attribuer l'honneur surtout aux délégués de province qui ont accompli le travail effectif et au président qui a dirigé les débats avec une patience inaltérable.

Le *Gagne-Petit* : Le Congrès a été intéressant, surtout en ceci, qu'il a groupé la plupart des associations qui font de la coopération en France. De ce groupement, on peut attendre un résultat excellent, et l'on verra grandir chaque jour le nombre de ses partisans.

Paris : Le Congrès provoquera certainement une agitation puissante en faveur du principe coopératif. Voilà ce que fera à bref délai la coopération : réduction progressive du crédit et des dettes, diminution du prix de la vie, éducation économique, sociabilité, constitution de l'épargne et garantie contre les fléaux les plus communs de l'existence. Oh ! que c'est une matière plus féconde que la politique !

Le *Soir* donne sans commentaires un résumé des séances du Congrès.

Le *Rappel* : A l'unanimité, le Congrès vote des félicitations et des remerciements aux délégués étrangers
qui ont assisté à sa séance, aux journaux qui s'y sont
fait représenter et aux citoyens qui ont pris l'initiative
de cette réunion.

Sur la proposition du délégué de *la Bellevilloise*,
tous les membres se lèvent et ces diverses félicitations
sont votées par acclamation.

Le *Petit Parisien* : La session du Congrès n'a pas
été de longue durée ; elle aura néanmoins pour résultat
certain d'effectuer un groupement nécessaire.

La fédération est un fait acquis ; aux chambres qui
vont être instituées de seconder énergiquement le mouvement de coopération qui se manifeste parmi les classes laborieuses : là est le dernier mot de la question
sociale. — Ed. O.

La *Liberté* signale surtout le rapport sur la Coopération en Angleterre de M. Vansittart-Neale.

La *République française* donne un excellent compte
rendu des séances ; elle considère la création des deux
chambres consultative et économique comme un premier pas vers l'avenir.

Le *Matin* : Les essais de Syndicat des Sociétés de
consommation qui ont été tentés jusqu'à ce jour n'ont
pas donné tous les résultats qu'on était en droit d'espérer. Les grandes Sociétés qui auraient pu leur apporter
un appoint considérable s'en sont tenues systématiquement éloignées, ne voulant pas engager leur crédit
dans une association avec des Sociétés peu nombreuses
et d'origine trop récente. On espère les rallier à un groupement général qui, grâce à l'importance des achats
qu'on pourrait traiter, offrirait des avantages sensibles
pour tout le monde.

Sans se prononcer catégoriquement sur ce point, les délégués de ces Sociétés n'ont pas paru repousser *a priori* l'idée de cette création d'une chambre économique.

La *France* :

Hier se terminaient les séances d'un congrès qui n'a pas fait beaucoup de bruit, et qui, cependant, réunissait des pionniers de l'avenir, bien autrement utiles et, selon nous, intéressants que tant de charlatans politiques et sociaux qui mènent grand tapage.

Nous voulons parler du congrès des sociétés coopératives de consommation.

Et plus loin :

Le congrès qui s'était réuni à Paris, n'a pas attiré l'attention des faiseurs et des orateurs. Aucun amateur de popularité n'y est allé chercher une occasion de signaler son zèle et d'étaler son éloquence. Aussi a-t-on délibéré tout simplement sur les intérêts des sociétés de consommation ; c'est chose rare, de nos jours, qu'une assemblée qui ne s'occupe que de ce qui la regarde.

On a décidé, non d'adresser des sommations aux législateurs et aux gouvernants, mais de créer une Chambre consultative qui ne sera qu'une agence centrale de renseignements. On s'est syndiqué, non pour agir sur les élections prochaines, mais pour voir plus clair et acheter dans de meilleures conditions.

Dans quelques années, si, comme nous le souhaitons, les sociétés libres se développent et étendent sur tout le pays leur réseau, les hommes d'État s'apercevront de leur importance, tâcheront de les enrôler au service de leur ambition en faisant irruption dans leurs congrès. Mais il faut espérer que les hommes sages et pratiques qui ont jusqu'ici échappé à l'intrusion de la politique et de l'utopie ne se laisseront pas envahir et résisteront à la contagion des grandes prétentions et des grandes phrases.

Raoul FRARY.

L'*Union économique* :

Ce congrès, dont nous avons annoncé la réunion prochaine dans notre dernier numéro, s'est tenu aux dates fixées, c'est-à-dire les 27, 28 et 29 juillet, dans une salle de la mairie de l'Hôtel-de-Ville (IVᵉ arrondissement).

Ses promoteurs se proposaient d'abord de rapprocher les unes des autres les Sociétés de consommation éparses sur le sol de la France, afin de leur apprendre à se connaître et de provoquer entre elles des échanges de vue et des discussions dont chacune pût tirer parti.

Ils voulaient ensuite rendre définitif le rapprochement passagèrement opéré par ce premier Congrès en enserrant les Sociétés ainsi réunies dans les liens d'une Fédération qui, sans toucher en rien à leur autonomie, permît à chacune de profiter de l'expérience de toutes, et lui assurât des informations et des avantages commerciaux, auxquels, réduite à ses propres forces, elle n'aurait pu prétendre.

Si ardue que fût la tâche, elle a été remplie.

Ernest FALIGAN.

Le *Travail national* :

En résumé, ce congrès constitue un fait important dans l'histoire de la coopération. Sauf quelques discordances de la part des ouvriers parisiens, les délégués ont manifesté beaucoup de sagesse, d'esprit pratique, d'entente de leurs intérêts. C'est l'indice le plus sûr du développement des Sociétés coopératives en France.

Urbain GUÉRIN.

Compte rendu du Congrès par M. Fougerousse :

Les coopérateurs de Nimes des trois sociétés : *L'Abeille Nimoise, la Renaissance* et *la Solidarité*, ont tout l'honneur de l'organisation de ce Congrès et la coopération française n'oubliera jamais, dans l'avenir, qu'ils auront été par leur seule et libre initiative, la source d'où découleront tous les bienfaits que ne peut manquer de produire l'organisation des congrès coopératifs.

L'*Economiste français*, 21 novembre 1885 :

La première séance fut orageuse, confuse, très-inquiétante pour l'avenir ; mais un calme relatif finit par s'établir et l'on adopta une procédure régulière pour les jours suivants ; c'est-à-dire que les délégués les plus sages, venant principalement de province, se réunirent le matin et préparèrent la besogne pour la séance plénière du soir, où leur travail, très critiqué, déchiqueté par de maladroits intrus, ressembla trop souvent à celui de dame Pénélope.

Le 27 juillet, après de longs débats ou à côté de propos fort sérieux on dût entendre une remarquable collection d'âneries, le bon sens. . . . . . . restreint prit à peu près le dessus, et l'on décida qu'il serait créé une « Chambre consultative des Sociétés » dont le titre indique suffisamment les attributions, et qui pourrait éventuellement fonctionner comme arbitre en cas de conflit. Une somme de 3,000 fr. était jugée nécessaire pour l'entretien de cette chambre à Paris, il fut convenu que chaque sociétaire verserait dans ce but cinq centimes par an. Nous ne pouvons nous empêcher de déclarer qu'il y a là un acte honteux de parcimonie, et nous ajoutons avec un regret plus vif encore, que des délégués parisiens, représentant des Sociétés prospères, ont refusé leur adhésion à cette clause, sous pretexte qu'ils n'avaient pas de pouvoirs suffisants.

Le 28 juillet, la délibération porta sur la fondation à Paris d'une « Chambre commerciale », destinée à remplacer l'établissement d'achats en gros contre lequel on a élevé des objections plus ou moins topiques et partiellement réfutables. Cette agence fonctionnerait comme commissionnaire et comme agence de renseignements ; on placerait à sa tête un ancien commerçant, rompu aux affaires, ce qui choquerait fort certains délégués dont les préférences sont pour les « salariés ». D'autres invoquaient, avec plus de raison, l'existence actuelle d'un *Syndicat parisien des coopératives* qui paraissait leur suffire. En somme, on se décida, affirmativement, ce qui fait qu'il y aura deux chambres !.. ..

Cette seconde chambre sera alimentée par une cotisation de deux sous par tète ; il y a donc progrès, et si l'on avait créé une troisième chambre, il est impossible de dire jusqu'où seraient allées les libéralités des groupes.

La création d'un journal a été laissée de côté et l'on a bien fait ; il eût fallu pour cela se montrer plus généreux qu'on ne l'avait été jusqu'alors, et l'on a décidé que l'on continuerait à recourir aux bons offices de la Presse en général. C'est fort bien ; seulement, se figure-t-on le travail énorme, la correspondance fiévreuse qui, rien que pour cela, ont incombé à l'organisateur du Congrès et eussent terrassé d'autres hommes que lui ?

Le Devoir, organe du familistère de Guise (2 août) :

Les séances ont été fréquemment troublées par l'impatience et le manque de discipline des délégués parisiens ; néanmoins le Congrès a abouti à la constitution d'une chambre consultative et d'une chambre économique.

Au début de la première séance, un délégué parisien a vainement tenté de faire voter une proposition tendant à restreindre la liberté des journaux dans les comptes rendus des débats.

Nous avons pensé que toute restriction apportée aux libres appréciations de la presse ne serait pas acceptée par elle, et que 91 coopérateurs n'avaient pas le droit de dicter des conditions qu'un gouvernement même ne peut formuler sans violer le principe républicain.

La délégation anglaise et le représentant des coopérateurs suisses, accueillis par des acclamations enthousiastes, ont assisté régulièrement à toutes les séances du Congrès, sans montrer jamais ni lassitude, ni surprise des écarts de quelques-uns.

En somme, le Congrès a fait œuvre utile. Un des délégués anglais, dans une conversation intime, au dehors du Congrès, se déclarait très satisfait des résolutions acceptées, et prédisait un bel avenir à la coopération française. C'était bien l'appréciation qui convenait.

APRÈS LE CONGRÈS

Le dépouillement du scrutin pour l'élection des membres des chambres économique et consultative eut lieu le 29 août à la mairie du IV° arrondissement,

Ces chambres élirent pour président de la chambre consultative M. Briotet, de la *Revendication*, représentant de *l'Abeille Nimoise* (1), et pour président de la chambre économique M. Lagrange, de la *Picpus;* pour secrétaire des deux chambres : M. Fougerousse, et pour trésorier général, M. de Boyve, de *l'Abeille*, à Nimes.

Plusieurs tentatives furent faites pour arriver à une fusion avec le *Syndicat des Sociétés parisiennes*, mais sans succès.

Le 30 décembre 1885 eut lieu la première réunion trimestrielle de la Fédération, et les trois Sociétés Nimoises y furent représentées.

« Les Parisiens étaient en grand nombre, les discussions ont été actives et ont porté sur un grand nombre de points », dit le procès-verbal.

On vota dans ces réunions les statuts de la Fédération, et M. Legrand, de la *Société philanthropique de Saint-Rémy-sur-Avre*, et M. Clavel, de *l'Abeille Suresnoise*, devenu président de la Fédération en 1888, lurent deux rapports, l'un sur la patente, l'autre sur la constitution des Sociétés Coopératives.

(1) M. Régnier, de la *Moissonneuse*, a remplacé une année après M. Briotet, comme représentant de *l'Abeille*; le délégué actuel est M. Bornet, de la *Picpus*.

M. Fougerousse signale dans la dernière partie du compte rendu de la réunion « son admiration pour le respect accordé par tous les assistants aux décisions du Congrès. »

« Ce que le Congrès a décidé, les résolutions qu'il a
» prises, tout le monde a compris instinctivement que
» c'était la seule base solide sur laquelle on peut s'ap-
» puyer ; toucher à un seul des jalons posés par le
» Congrès, c'était tout remettre en question, jusqu'à
» l'existence même des chambres. Il faut en tout un
» point d'appui. Avec lui, Archimède déclarait qu'on
» soulèverait le monde ; sans lui rien de solide, ni de
» durable. On ne saurait trop applaudir à la sagesse des
» délégués qui se sont unanimement inclinés devant le
» Congrès. »

Les coopérateurs nimois, ayant établi dans leur Centre un régime absolument parlementaire, ont toujours considéré que le seul pouvoir dirigeant devait être le Congrès et ont contribué pour leur part au vote des articles du règlement de la Fédération adoptés dans cette séance. Les voici :

Art. II : La Fédération est dirigée par un Congrès qui se réunit tous les ans dans une ville de France désignée par le Congrès précédent. — Art. III : Le Congrès est composé des délégués des Sociétés Coopératives de France. — Art. V : Les délégués doivent être des coopérateurs effectifs, mais ne sont pas tenus d'appartenir à la Société qu'ils représentent.

Ce dernier article résumait les sentiments exprimés par le Congrès de Paris qui voulait éviter l'intrusion dans les Congrès de journalistes, de politiciens et d'économistes en chambre.

C'est ici que finit le rôle prépondérant et actif des coopérateurs Nimois dont la mission était terminée à Paris.

Mais ils songeaient depuis longtemps à établir des

rapports avec les coopérateurs anglais et italiens ; leur
délégué fut chargé de faire mettre la question à l'étude
par le bureau de la Fédération, et en même temps, en
allant au Congrès de Plymouth en 1886, de communiquer un projet d'*alliance internationale* aux coopérateurs anglais, qui renvoyèrent ce projet à l'étude des
différentes sections de l'Union Coopérative de la
Grande-Bretagne.

Le délégué Nimois présenta la même année un rapport sur cette question au Congrès de Lyon et ses
conclusions furent adoptées à l'unanimité en présence
des délégués anglais et italiens.

L'année suivante, au Congrès de Carlisle, 500 coopérateurs anglais acclamèrent cette alliance et le Comité
international se réunit le même jour à Carlisle ; le
bureau de la Fédération française nomma le mois suivant un comité provisoire et fixa son siège à Nimes ; le
Congrès de Tours confirma cette décision.

Ce Comité international ne peut avoir pour le moment d'autre utilité pratique que d'affirmer les sentiments de solidarité qui existent entre tous les coopérateurs. Son rôle restera effacé jusqu'au jour où la
coopération aura pris son plein développement.

Journal d'Économie politique et Sociale.

En 1886, les coopérateurs nimois, réunis en assemblée générale à la *Société d'Économie populaire*, re-
connurent la nécessité d'avoir un journal avec un
comité de rédaction choisi parmi les coopérateurs les
plus actifs. Cet organe n'est la propriété d'aucun com-
manditaire, — il appartient au groupe ouvrier coopérateur nimois qu'il représente, et le nombre de ses abon-
nés lui permet de vivre modestement il est vrai,
puisqu'il ne parait qu'une fois par mois, — mais libre
de toutes attaches. Il n'a pas été créé pour faire con-

currence à d'autres journaux coopératifs existant déjà à Paris, mais pour faire connaître les opinions, plus socialistes peut-être, du groupe nimois. *L'Emancipation*, c'est le nom du journal de Nimes, disparaîtra le jour où les Sociétés coopératives auront, comme en Angleterre, un organe officiel, dont les Sociétés Coopératives seront actionnaires et dont le comité de rédaction sera nommé tous les ans par les coopérateurs réunis en assemblée générale.

Conférences.

Le groupe du Midi a pu encore, grâce à un conférencier éloquent, répandre son programme d'émancipation sociale. M. Ch. Gide, professeur d'économie politique, vice-président de la Société Coopérative *La Prévoyance Montpelliéraine*, a été désigné en 1886 par les membres de la Fédération pour être président honoraire du Congrès de Lyon où il a prononcé, au Grand Théâtre, un magnifique plaidoyer en faveur de la Coopération. Il en a démontré le but immédiat et présent : l'éducation économique de la classe ouvrière par l'association coopérative, et le but plus éloigné : l'émancipation de la classe ouvrière par la transformation du salariat.

M. Ch. Gide est allé chaque année en dehors de Montpellier faire entendre sa parole entraînante : à Nimes, à Lyon, à Marseille, à Romans (1), à Paris, où il a été appelé par les Sociétés parisiennes de *Bercy*, de *Picpus* et de *l'Union économique du Bel-Air*.

Notre ami Gide a généreusement donné son temps au mouvement coopératif et nous voulons l'honorer ici en terminant cette histoire de la coopération à Nimes par deux fragments de son discours prononcé à Paris, le 18 mai 1888, à la salle Borel.

(1) En 1889.

Si la coopération n'avait d'autre but ni d'autre avenir
que de créer quelques boutiques d'épicerie perfectionnées ou
quelque mécanisme d'épargne plus ou moins ingénieux, je
vous prie de croire qu'elle n'aurait pas rallié dans une même foi et dans une commune espérance des millions d'hommes de tous pays et de toutes langues, Anglais, Italiens,
Allemands, Américains ou même Russes, témoin ce Russe
de Kharkof, Nicolas Balline, qui écrivait aux coopérateurs
français réunis à Tours cet automne, dans une lettre que je
lus pour lui au milieu d'un auditoire ému jusqu'aux lar-
mes : « Je suis heureux de penser que Français ou Russes
nous voyons dans la coopération le même idéal, de même
que je suis heureux de penser, quand je regarde une étoile,
que mon frère de loin la regarde aussi ! » Une étoile, c'est
le mot ; non point une boutique, mais une étoile vers
laquelle des millions d'hommes ont levé les yeux pour chercher le mot de l'énigme sociale, et qui, si elle n'a pas encore
révélé son secret, a du moins fait descendre d'en haut dans
plus d'un cœur ulcéré, ce rayon d'or qui s'appelle l'espérance !

Et plus loin :

Si je cherche à me représenter l'organisation de la société
future, dans la mesure toutefois où notre science à courte
vue peut nous permettre de prévoir l'avenir, elle m'appa-
raît sous l'aspect d'une multitude d'associations de toutes
sortes et de toutes proportions, les unes immenses, les autres petites, — associations dans lesquelles les travailleurs
toucheront l'intégralité du produit de leur travail parce
qu'ils possèderont leurs instruments de production, — associations qui supprimeront les intermédiaires, parce qu'elles
échangeront leurs produits directement entre elles, — associations qui ne mutileront pas l'individu, parce que l'initiative individuelle restera comme le ressort caché qui fera mou-
voir chacune d'elles, mais qui protégeront au contraire
l'individu contre les hasards de la vie par la solidarité, —
associations enfin qui, sans supprimer cette émulation qui
est indispensable au progrès, atténueront la concurrence et
la lutte en supprimant la plupart des causes du conflit qui

mettent aujourd'hui les hommes aux prises. On ne remarque pas assez en effet que toute forme coopérative n'est autre chose que la solution d'un conflit.

Qu'est-ce en effet que la société de consommation, sinon la suppression du conflit entre le vendeur et l'acheteur ?

Qu'est-ce que la société de crédit ? la suppression du conflit entre le prêteur et l'emprunteur.

Qu'est-ce que la société de production ? la suppression du conflit entre le patron et le salarié.

« Voilà mon rêve : je souhaite qu'il devienne aussi le vôtre. »

Le rêve de notre ami Gide est aussi le nôtre, il se réalisera — nous en sommes convaincus — mais, dans combien d'années ? Voilà ce que nous ne savons pas.

Cela dépend du temps que mettront les Sociétés françaises à former une vaste union pacifique, Fédération ou Syndicat, pour marcher en avant vers la solution de tous les conflits entre les hommes d'un même pays afin de préparer et de réaliser ensuite la solution des conflits entre les hommes de toutes les nations de la terre.

ANNEXES

SOCIÉTÉS COOPÉRATIVES ET SYNDICATS AGRICOLES

Rapport de M. MAURIN, délégué de Nîmes, au Congrès de Tours

Après avoir expliqué l'organisation des Syndicats agricoles, M. Georges Maurin continue en ces termes :

... Vous connaissez maintenant le syndicat agricole ; ne vous semble-t-il pas un parent bien rapproché de la société coopérative? Identique est le principe, l'association d'un groupe qui réussit là où un seul aurait échoué ; identique aussi le résultat moral obtenu, le sentiment de la solidarité, remplaçant insensiblement l'égoïsme individuel ; identique enfin est le procédé d'action, le moyen employé pour économiser au profit des associés. Ce procédé, vous l'avez déjà nommé, c'est la suppresion des intermédiaires, non pas de tous les intermédiaires, mais de ceux qui ne sont pas absolument nécessaires.

Ces deux formes de l'association sont donc unies par les liens d'une origine commune. Doivent-elles rester étrangères l'une à l'autre? Nous ne le pensons pas ; et c'est pour cela que nous, syndicats agricoles, venons vers vous, coopérateurs, acceptant avec reconnaissance une place dans vos discussions pour vous dire qui nous sommes. Peut-être, quand vous nous connaîtrez mieux, trouverez-vous quelque avantage à nouer des relations plus suivies avec nos syndicats. Vous savez ce qu'il arrive entre gens du même pays, mais que les circonstances n'ont jamais mis en

présence. Un hasard quelconque les rapproche hors de chez
eux ; ils parlent la même langue, se plaisent, se sentent
attirés l'un vers l'autre, se disent leurs noms, se retrouvent
compatriotes et les voilà amis intimes pour toute leur vie.
J'espère bien quand les sociétés coopératives auront fait
connaissance avec nous, que le même phénomène sympathique se reproduira. Comment ! c'est cela un syndicat agricole ! mais vous êtes comme nous des coopérateurs, vous
pouvez nous aider puissamment, à charge de revanche, dès
la première occasion. Et nous serons tous étonnés de ne pas
nous être rapprochés plus tôt. Nous deviendrons alliés
dans le bon combat que nous soutenons pacifiquement pour
l'amélioration du sort du plus grand nombre, alliés intimes
et pour longtemps, pour aussi longtemps que dureront nos
sociétés, et elles ne sont pas sur le point de disparaître.

Quel est donc le terrain sur lequel nous pouvons nous
rencontrer ? Je vais essayer de le dire en quelques mots.

En établissant un parallèle entre les sociétés coopératives
et nos syndicats, j'ai laissé de côté une différence qui, précisément, a son importance dans la question.

Les syndicats agricoles ne sont pas seulement consommateurs, ils sont aussi producteurs, et précisément producteurs des denrées de consommations usuelles. Je n'en ferai
pas l'énumération détaillée. J'indique seulement les trois
denrées premières : le pain, la viande, le vin. Ces trois ma-
tériaux de l'alimentation humaine, les agriculteurs les pro-
duisent, en consomment une partie et revendent l'autre.

Ce sont ces denrées dont les sociétés coopératives ont le
plus grand besoin, qui sont l'objet courant de leurs opérations et sur lesquelles leurs adhérents font leur principal
bénéfice. Elles ont donc le plus grand intérêt à les acheter
le plus bas prix possible : or, qui peut livrer meilleur marché
que le producteur ? personne assurément. Les sociétés coopératives s'adressent-elles à lui dans la pratique ? non, et
j'ajoute que jusqu'à la fondation des syndicats agricoles,
elles ne pouvaient le faire. Mais aujourd'hui la situation
est changée et l'on peut prédire le moment où les groupes
de consommateurs et de producteurs traitant directement
entre eux, profiteront mutuellement des commissions préle-

vées aujourd'hui par les nombreux intermédiaires auxquels ils sont obligés d'avoir recours.

Voici la matière première par excellence, le blé, et l'objet de consommation type, le pain. Les agriculteurs de Vaucluse (vous me pardonnerez d'emprunter mes chiffres au pays que j'habite), ont vendu leur blé, en moyenne, 19 fr. l'hectolitre pesant 80 kilog. On admet généralement que l'hectolitre de blé donne 100 kilogrammes de pain, cela fait revenir le pain de première qualité, sans mélange aucun, à 20 cent. le kilogramme.

Mais pour transformer ce blé, vendu 20 fr. par le cultivateur, en pain vendu 30 fr. à 32 fr. par le boulanger, il a fallu toute une série d'opérations et en même temps toute une série d'intermédiaires. Voici d'abord les opérations dont le coût ne peut diminuer et que j'appellerais les frais nécessaires. Ce sont : 1° le transport du blé à l'endroit où il doit être consommé ; 2° le mouturage ; 3° la boulangerie. Tel est le surcroît de dépenses que doit forcément porter le blé pour être transformé en pain.

Mais il est facile de se rendre compte que ce surcroît de dépenses n'équivaut pas au tiers de la valeur de la matière première. Combien d'autres frais, en effet, qui ne sont pas nécessaires, viennent s'ajouter à ceux-là ? C'est d'abord le courtier rural, qui se présente chez le propriétaire pour lui acheter son blé ; ce courtier est l'agent d'un négociant en blé ; ce négociant revend au minotier par l'intermédiaire d'un autre courtier. Enfin le boulanger n'achète presque jamais directement au minotier, et ici encore on relève l'intervention d'un troisième courtier quand il n'y a pas celle d'un négociant en farine.

Entre le consommateur et le producteur se trouvent donc trois agents qui modifient la matière première et trois intermédiaires, parfois quatre, qui font simplement un office de transmission, mais dont les bénéfices doivent être prélevés en partie par voie de diminution sur le prix de la vente par le producteur, en partie par voie d'augmentation sur le prix de l'achat par le consommateur.

Ce que je viens de dire pour le blé s'applique avec plus de rigueur encore aux denrées, telles que le vin, la viande et les légumes secs. Pour la viande, il n'y a plus trois agents intermédiaires nécessaires, mais deux seulement, le transporteur et le boucher. Le vin et les légumes secs pour être livrés à la consommation, supportent seulement les frais de transport. Si l'on refaisait sur le bétail et sur le vin les calculs que j'ai faits sur le blé, on arriverait toujours à cette conclusion que l'agriculteur vend à des prix relativement dérisoires ses récoltes, tandis que vous les achetez très cher. La différence se perd au milieu du va-et-vient des échanges auxquels donne lieu le commerce des denrées ; je dis se perd, car le nombre des intermédiaires s'est tellement multiplié, que beaucoup font assez mal leurs affaires.

Or, les sociétés coopératives ne sont pas des consommateurs ordinaires. Elles achètent en quantité considérable et paient toujours comptant, deux excellents moyens pour obtenir les prix les plus avantageux. Déjà, pour les produits manufacturés, elles s'adressent directement aux fabricants ; pourquoi n'en feraient-elles pas de même pour les denrées agricoles ? J'ai dit tout à l'heure que, jusqu'à la fondation des syndicats agricoles, il y avait impossibilité matérielle. C'est qu'en effet nul propriétaire, si grand que vous le supposiez, ne peut fournir seul aux besoins d'une société coopérative. Les exigences de la consommation sont variées et demandent une grande diversité de culture ; de plus la propriété est très morcelée en France : enfin un agriculteur ne peut accumuler dans ses greniers un stock de marchandises livrables au gré de l'acheteur pendant toute l'année.

Mais ce qu'un propriétaire ne peut faire, un syndicat de cent ou deux cents membres le réalisera sans peine ; il réunira les marchandises, les conservera dans un entrepôt commun et livrera aux consommateurs telle ou telle qualité de blé, telle ou telle espèce de bétail, tel ou tel vin qui lui sera demandé. Sans doute, le syndicat ne peut pas faire par lui-même le commerce, cela est bien entendu, mais il groupera les offres des producteurs comme aujourd'hui les sociétés coopératives groupent les demandes des consommateurs. L'instrument est créé, il suffit de savoir s'en servir.

Déjà l'Union centrale des syndicats agricoles de France a essayé une tentative de vente directe au consommateur. Elle a créé, au marché de la Villette, un office de vente qui se charge soit de la vente sur pied au marché, soit de la vente aux abattoirs des animaux abattus sans avoir passé par le marché. Cette dernière combinaison peut rendre de grands services aux consommateurs. J'ignore si les coopérateurs de Paris y ont eu recours, mais je suis convaincu qu'ils y auraient avantage. De même, pour la fourniture des vins, les coopérateurs pourraient s'adresser à l'un de nos syndicats producteurs, et je crois qu'ils réaliseraient un bénéfice en achetant du *vin de propriétaire*.

Il est bien évident d'ailleurs que syndicats agricoles et sociétés coopératives traiteraient ensemble comme des acheteurs et des vendeurs ordinaires. Elles feraient des affaires mûrement discutées et librement consenties, l'offre et la demande seraient soumises aux lois de la concurrence ; mais par ce fait seul que les coopérateurs s'adresseraient directement aux producteurs, ils auraient une garantie incontestable de la sincérité des livraisons, de même les agriculteurs seraient assurés du payement régulier de leurs factures et n'auraient plus à compter avec les brusques soubresauts d'une spéculation qui ruine plusieurs milliers de petits propriétaires pour faire réussir un coup de bourse sur les grains ou sur les huiles.

L'entente entre les deux groupes d'associations représentant les deux grandes formes du travail, a donc cessé d'être du domaine de la théorie pour entrer dans celui de la réalité. Elle peut être conclue sur des bases très pratiques et sans qu'il soit besoin de faire intervenir d'autres considérations que celle d'un intérêt réciproque.

J'ai dû forcément laisser de côté bien des questions de détail. Je crois cependant en avoir assez dit pour montrer combien il était aisé, avec l'organisation syndicale que se donne aujourd'hui l'agriculture, d'appuyer la société coopérative et le syndicat. Que l'une seulement des sociétés ici représentées fasse un appel aux syndicats agricoles, et je ne doute pas qu'il n'y soit répondu vite et bien.

Je me permets, dès à présent, d'exprimer le vœu qu'une

commission mixte, composée de membres de sociétés coopératives et de syndicats agricoles, soit nommée pour étudier les bases d'une entente.

ALLIANCE COOPÉRATIVE INTERNATIONALE

Rapport de M. de BOYVE, délégué de Nimes, au Congrès de Carlisle (1887).

Quand j'ai eu l'honneur de saluer, l'année dernière, les
coopérateurs anglais assemblés à Plymouth, j'étais muni
d'une simple délégation du bureau de notre Fédération
coopérative française ; aujourd'hui je me présente devant
vous avec les pouvoirs des Sociétés coopératives réunies au
Congrès de Lyon et un mandat bien déterminé — celui de
préparer une alliance coopérative internationale.

Ce projet, que j'ai déjà présenté au Congrès de Plymouth,
a été ajourné parce que vous avez pensé que la volonté des
Sociétés françaises n'était pas assez clairement exprimée.
Cette raison n'existe plus aujourd'hui, car cette volonté
s'est manifestée d'une manière qui dépasse toutes nos
espérances.

Pour vous en convaincre, je vais vous faire assister quelques instants au Congrès de Lyon où l'Angleterre coopérative était représentée par vos dévoués Vansittart Neale
et Acland, l'Italie par le doyen des coopérateurs Vigano et
par le savant professeur Ugo Rabbeno ; la Suisse, par Pictet, de Genève. Je ne veux pas oublier parmi les assistants
Sedley Taylor, votre président d'honneur du Congrès de
Derby, l'apôtre de la participation des ouvriers aux bénéfices.

Chargé de faire une étude sur la Coopération en Angleterre, je terminais mon rapport en évoquant vos illustres
morts : Robert Owen, Maurice, Kingsley, Lloyd Jones,

Mansfield et les tisserands de Rochdale pour leur exprimer publiquement mon amour et mon respect. Et je disais :

Nous voulons aujourd'hui poursuivre votre œuvre en l'élargissant, nous voulons fonder, entre les coopérateurs français et anglais, une ligue internationale, dont le projet a déjà été favorablement accueilli au Congrès de Plymouth.

Cette alliance coopérative, pour la solution progressive et pacifique de toutes les questions sociales, servira de barrière non seulement aux haines déchaînées des socialistes révolutionnaires, qui veulent tout détruire et nous conduire à la barbarie, mais encore aux ambitions détestables de tous ceux qui entraînent leur pays à la guerre et à l'extermination. Elle démontrera ce que peut produire l'association en vue du bien de tous, sans distinction de classes, de croyances, de races. Elle démontrera enfin que la coopération, tout en s'occupant des intérêts de chaque jour peut s'élever jusqu'aux cimes sociales les plus hautes.

A ces derniers mots, les mains des coopérateurs italiens, anglais et suisses se sont tendues vers les miennes, et cette étreinte des représentants de quatre nations a été saluée par trois salves d'applaudissements. C'est à ce moment même que l'envoi de délégués au congrès de Milan et de Carlisle a été voté. J'en appelle au témoignage de vos illustres délégués au Congrès de Lyon, MM. Vansittart Neale et Acland.

M. Fougerousse, notre secrétaire général, est allé remplir sa mission à Milan, où il n'a trouvé que des encouragements. Pouvait-il en être autrement dans ce noble pays où le doyen des coopérateurs, Vigano, est un des promoteurs de la *Fédération internationale des Sociétés de la paix et de l'arbitrage* ?

Je me place ici sous le patronage de votre secrétaire général M. Vansittart Neale et de votre président d'honneur M. Holyoake, et je compte trouver au milieu de vous, chers frères et amis anglais, la même sympathie. M. Vansittart Neale n'a pas attendu ce jour pour être un coopérateur international ; ses avis sont demandés aussi bien en France qu'en Italie et nous devons en grande partie à son influence le succès de notre premier Congrès coopératif.

M. Holyoake, votre illustre historien, assistait aussi à notre premier Congrès.; il a joué autrefois un rôle important en Italie, où il a été l'ami de tous les grands patriotes qui ont combattu pour l'indépendance de leur pays.

Le projet de Fédération internationale que j'ai l'honneur de vous présenter pour la deuxième fois n'a pas pour but, ainsi que le disait M. Gide, notre président d'honneur au Congrès de Lyon, la suppression de la patrie, mais l'association des peuples. Car, de même que l'association coopérative n'a pas pour but l'annihilation des individus, mais au contraire le développement et le meilleur emploi de leurs facultés diverses, de même l'association des peuples ne doit pas avoir pour but de faire disparaître l'individualité de chaque peuple, mais au contraire de mettre en relief et d'utiliser les aptitudes diverses, l'originalité et le genre respectif de chacun d'eux.

J'ajouterai que cette association est de plus en plus urgente ; le monde traverse une crise qui se fait sentir dans chaque pays, et, si l'on n'y prend garde, un bouleversement général pourra se produire.

Le socialisme révolutionnaire, qui ne sait que détruire et ne propose rien pour sortir des ruines qu'il aurait faites, augmente chaque jour le nombre de ses adeptes de tous les mécontents, de tous les paresseux ; je reconnais que, dans des pays pratiques comme le vôtre, ils sont moins nombreux, mais ils existent et ont mis, à un certain moment, votre population de Londres en émoi. Ces révolutionnaires ont une internationale dans laquelle ils font disparaître l'idée de patrie ; ce n'est pas la nôtre ; aussi voulons-nous lui opposer notre internationale coopérative, qui est l'ennemi des troubles parce qu'elle est convaincue que ce n'est que par la paix sociale et internationale que l'on arrivera véritablement à l'amélioration du sort du peuple. Si notre drapeau est tenu par des mains fermes et convaincues, si nous marchons dans l'union la plus complète, nous retirerons au parti révolutionnaire toutes ses forces en attirant à nous ses plus honnêtes et ses meilleurs soldats.

Ce n'est pas tout, nous aurons à combattre, avec la parole et la plume, ces armements excessifs de toutes les

nations qui arrêtent le développement de toutes les forces
économiques, et les guerres, qui sont le plus souvent le
résultat d'un caprice ou de l'odieuse ambition de quelques
hommes. Pour combattre ces crimes de lèse-humanité, fai-
sons entendre notre voix en même temps que la *Fédération internationale des Sociétés de la paix et de l'arbitrage*,
qui n'a pas encore comme nous derrière elle des troupes
aussi nombreuses. L'union de tous les coopérateurs sera
une force morale considérable et il faudrait désespérer de
tout, ne plus croire à la Providence, si l'on admettait qu'à
tout jamais la force brutale doit primer le droit et que les
peuples peuvent être gouvernés contre leur volonté et passer comme un vil troupeau d'une domination sous une
autre.

Ce serait d'ailleurs la guerre en permanence, car, tant
qu'un peuple opprimé a une goutte de sang dans les veines,
il doit essayer de conquérir sa liberté.

Qu'on ne me dise pas que ces questions n'ont rien de
commun avec la coopération ! Que veut la coopération, si
ce n'est arriver progressivement à une meilleure organisation de la Société par des moyens pratiques et équitables ?

Cette idée, nous l'élargissons et nous la rendons internationale pour lui donner toute sa force d'expansion.

Vous vous plaignez quelquefois dans vos Congrès des
progrès de l'égoïsme chez les coopérateurs ; si vous voulez réagir, élevez leurs pensées vers des cimes plus hautes ;
la grandeur de l'homme se voit, dit-on, en ce que son
regard se porte naturellement vers le ciel ; faites de même,
élevez vos regards au-dessus des intérêts matériels.

Les fondements de la coopération sont solides parce qu'ils
reposent sur un terrain pratique ; c'est ce qui lui permet
d'aborder les questions les plus élevées sans crainte de se
perdre dans l'utopie.

Le projet d'alliance coopérative que je propose entre l'Angleterre, l'Italie et la France, dont les représentants se sont
rencontrés à Paris, Plymouth, Lyon, Milan et Carlisle, est
le suivant :

1º Dans chaque pays, un comité de cinq membres sera
nommé en Congrès et prendra le titre de Comité d'alliance

coopérative internationale. Il sera en correspondance avec les autres comités et échangera ses vues sur les questions de paix sociale et internationale en s'abstenant de tout ce qui peut toucher de près ou de loin, aux questions politiques intérieures.

2° Les journaux coopératifs des trois pays réserveront une colonne spéciale pour les communications du comité.

Nous n'avons pas la prétention d'arriver d'un coup à la paix sociale et internationale ; mais comme coopérateurs, nous devons la désirer et tracer la route qui doit y conduire nos descendants.

La tâche sera longue et difficile ; les nations sont prêtes à s'entre-déchirer, des peuples sont opprimés, les passions sont déchaînées ; mais il suffira de l'entente générale des coopérateurs ayant confiance dans le triomphe définitif de la justice, de la victoire du bien sur le mal, dans la disparition graduelle de toutes les misères sociales, pour renverser, l'un après l'autre, tous les obstacles.

Dans le domaine moral, ce n'est pas le nombre qui l'emporte, c'est la foi ; à l'œuvre donc, les cœurs en haut, et, si Dieu le veut, l'avenir est à nous.

Rapport du Délégué de Nimes au Congrès de Tours (1887).

Ayant eu le privilège d'assister à deux congrès de l'Union coopérative de la Grande Bretagne : en mai 1886 à Plymouth, comme délégué de notre Fédération nationale ; en juin 1887 à Carlisle, comme délégué des 85 sociétés représentées au Congrès de Lyon, je viens vous rendre compte de ma dernière mission et vous présenter quelques observations générales sur ces deux congrès, pour en tirer d'utiles indications pour notre Fédération.

Je n'ai plus à revenir sur l'histoire de la coopération en Angleterre, après mon rapport au congrès de Lyon et l'intéressante brochure de M. Jametel ; ils prouvent suffisam-

ment que, dans la coopération de consommation, les Anglais
sont nos maîtres et que c'est à leur école qu'il faut aller.

Cet aveu ne peut froisser notre amour propre national,
car les Anglais reconnaissent depuis longtemps que, dans
la coopération productive, c'est chez nous qu'il faut s'instruire ; ils ne craignent pas de le dire à chaque congrès,
et nous avons entendu prononcer plus d'une fois avec admiration les noms de Leclaire, Laroche-Joubert et de Godin,
dont nous avons toujours vu le portrait à la place d'honneur de chaque exposition de leurs industries coopératives.
M. Holyoake n'a-t-il pas dit, dans son magnifique discours
d'ouverture à Carlisle : « Je salue la France, cette grande
inspiratrice des idées d'égalité et d'association, patrie où
Leclaire et, plus grand que lui, Godin, ont montré aux
ouvriers coopérateurs le chemin de leur émancipation ».

La France et l'Angleterre peuvent donc s'entendre et
s'instruire mutuellement.

Ceci m'amène au projet d'alliance coopérative internationale que j'ai présenté une première fois à Plymouth, avec
l'autorisation du bureau de notre Fédération, et à Carlisle,
après un vote unanime du congrès de Lyon.

Cette alliance a pour but de grouper les forces des coopérateurs de tous les pays pour la diffusion de leurs idées
d'aide mutuelle et de paix sociale, afin d'atteindre ce magnifique idéal rêvé par toutes les âmes généreuses, par tous
ceux qui ont foi dans l'élévation progressive de l'humanité :
la paix internationale.

Ce projet date de l'époque où, pour la première fois, nous
avons eu l'honneur de convoquer les sociétés coopératives
de France à se réunir en congrès à Paris. L'aide que nous
a donnée alors l'Union coopérative de la Grande-Bretagne
dans la personne de ses délégués MM. Vansittart Neale et
Holyoake, nous a démontré l'utilité qu'il y aurait pour les
coopérateurs des deux pays à unir leurs forces.

Cette alliance internationale ne serait-elle pas votée,
qu'elle se réaliserait par la force des choses ; la présence
habituelle de délégués étrangers dans nos congrès, l'intérêt qu'ils prennent à nos débats le prouvent surabondam-
ment.

N'ai-je pas moi-même, à Carlisle, partagé toutes les émotions des coopérateurs anglais devant les grandes questions soulevées dans ce congrès ?

Quel est le coopérateur anglais ou français qui n'ait suivi avec sympathie les premiers essais de Fédération des sociétés coopératives italiennes ? A Milan ils ont inspiré à notre délégué et secrétaire général, M. Fougerousse, un appel chaleureux en faveur de l'union des peuples.

MM. Vigano, Ugo Rabbeno, d'Italie, Vansittart Neale, Holyoake, de la Grande-Bretagne, Pictet, de Genève, Imogène Fales, des Etats-Unis, ne sont déjà plus des étrangers pour nous. Ce sont des membres de notre grande famille poursuivant la même pensée, travaillant comme nous à l'amélioration morale et matérielle du plus grand nombre, à l'union de tous les hommes sans distinction de classes ni d'opinions.

La voilà l'alliance internationale, et le Congrès de Carlisle lui a donné un corps.

Il a été décidé que dans chaque pays qui accepterait le projet d'alliance, il serait formé un comité, et que ces différents comités se mettraient en rapport les uns avec les autres pour échanger leurs vues sur les questions de paix sociale et internationale en s'abstenant de tout ce qui pourrait toucher de près ou de loin aux questions de politique intérieure.

Le vote a eu lieu à l'unanimité, et les coopérateurs anglais ont déjà envoyé une circulaire pour engager les coopérateurs de tous les pays à envoyer leur adhésion et à former leur comité.

Le bureau de la Fédération française a nommé le sien, et vous aurez à ratifier son choix.

Les comités n'auront pas, en commençant, un champ de travail bien étendu ; mais ils pourront déjà étudier un projet d'échange entre les divers magasins de gros, projet proposé par M. Ugo Rabbeno.

On peut se demander encore si, pour intéresser plus directement les délégués étrangers aux travaux du Congrès où ils sont envoyés, il n'y aurait pas lieu de leur donner voix consultative ?

8

Tout ce qui peut rapprocher les coopérateurs doit être tenté.

Ne voit-on pas dans nos Sociétés coopératives où les rapports entre sociétaires, bourgeois et ouvriers, sont fréquents, les liens devenir chaque jour plus étroits, les préjugés et la distinction des classes disparaître, l'égalité s'établir et l'aide mutuelle mise en pratique? Ce qui se passe dans une petite Société coopérative peut se passer dans une plus grande, où dans le pays tout entier, si l'éducation coopérative est assez répandue : c'est alors la paix sociale ; un pas encore, elle deviendrait internationale.

Cette dernière étape semble encore bien éloignée, hélas ! *La guerre appelle la guerre, et tant qu'il y aura des peuples jetés par le sort des armes entre les mains de vainqueurs abhorrés et cruels, il y aura des cœurs généreux prêts à donner leur vie pour les aider à conquérir leur liberté.*

L'Alliance coopérative internationale n'a donc pas d'autre but immédiat que de chercher à développer la coopération de consommation, afin de donner à l'ouvrier le capital nécessaire pour la formation de Sociétés Coopératives de production ; c'est la première étape à atteindre.

Les coopérateurs anglais s'approchent de cette étape ; ils ont un capital de 375 millions. Aussi la question de production et celle de la participation des ouvriers aux bénéfices sont-elles plus que jamais à l'ordre du jour de leurs Congrès.

A Carlisle, la bataille en faveur de la participation des ouvriers aux bénéfices a été livrée par M. Hughes, soutenue par MM. Vansittart Neale, Holyoake, Wilberforce, Jones, Lyster Pogson, Walker, et personne ne s'est demandé si ces coopérateurs étaient bourgeois ou ouvriers.

Tous ont demandé au Congrès de décider, par un vote solennel : 1° que les principes de la coopération exigent que les ouvriers reçoivent une part équitable dans les bénéfices de leur travail ; 2° que les administrateurs des magasins de gros (Wholesales) soient invités à réorganiser leurs industries, afin de les mettre en harmonie avec ces principes.

Ils ont fait ressortir l'injustice qu'il y avait à donner un simple salaire aux ouvriers des industries des magasins de gros coopératifs et à distribuer les bénéfices de leur travail aux consommateurs. Ils ont signalé, avec indignation la fabrique de chaussures de Leicester, où mille ouvriers s'étaient mis en grève et avaient été justement soutenus par les Trades-Unions. Cette industrie avait donné au Wholesale 875,000 fr. de bénéfices, et M. Vansittart Nealé s'est écrié dans son indignation : « C'est une honte pour des coopérateurs de s'emparer de ces bénéfices au lieu de les distribuer à ceux qui ont contribué à les produire ! »

Malgré une plaidorie émouvante des vétérans de la coopération, la majorité s'est prononcée pour le renvoi de cette question au prochain Congrès de Dewsbury.

Si les chefs du mouvement coopératif font l'année prochaine prévaloir leur principes, une grande révolution pacifique aura lieu en Angleterre. Aux 920,000 coopérateurs viendront se joindre les 681,000 trades-unionistes (c'est-à-dire, en comptant les familles, plus de 6,000,000 de personnes), et le système actuel du salariat recevra un tel coup que l'ébranlement s'en fera ressentir non seulement en Europe, mais encore en Amérique.

Cela n'empêchera certes pas les ouvriers de souffrir de la diminution des bénéfices causée par la concurrence étrangère ; ouvriers et patrons continueront à en souffrir. Mais on ne verra plus certains individus faire des fortunes considérables, et ceux qui ont aidé à les créer, finir leurs jours dans la misère, le cœur ulcéré par cette injustice.

Le temps restreint dont un rapporteur peut disposer ne me permet pas de m'étendre davantage sur ce Congrès important de Carlisle, qualifié déjà de « Congrès de l'*Alliance coopérative internationale* » et de « Congrès de l'*affirmation du droit des ouvriers* ».

Je dois signaler : la bonne tenue des séances des congrès anglais, le respect pour les présidents librement nommés, le respect des décisions prises quand la majorité s'est prononcée, le calme et l'attention même devant la contradiction ; tout cela mérite notre admiration et nous permet de dire : voilà un peuple digne de la liberté.

L'organisation de l'Union coopérative anglaise doit encore fixer notre attention ; l'Angleterre est divisée en six sections coopératives, et aucun projet ne peut être exé-

cuté sans avoir été étudié dans chacune des sections et
approuvé par le Conseil uni, composé des députés de ces
sections.

Le bureau, nommé par ce dernier Conseil, est chargé de
veiller à l'exécution des décisions prises.

Nous avons quatre fédérations régionales : Paris, Lyon,
Tours, Nimes. Engageons-les à se réunir régulièrement et
fixons l'époque des réunions du comité de Paris où chaque
fédération devra avoir au moins un représentant. Le bureau de ce comité sera le pouvoir exécutif.

Le gouvernement de la Fédération ne pourra plus ainsi
être accusé d'être provincial ou parisien, il sera la véritable émanation des sociétés coopératives françaises,

En étudiant de plus près l'organisation coopérative de
l'Angleterre, on voit que la coopération n'a pas seulement
pour but d'élever la condition matérielle des ouvriers mais
encore leur niveau moral.

Les pionniers de Rochdale ont été les premiers à déclarer qu'ils ne songeaient pas seulement à eux-mêmes mais
encore à toute la classe ouvrière à laquelle ils apparte-
naient et dont ils voulaient l'élévation sociale ; ces sentiments de solidarité ont été la cause principale de leur
succès.

Les coopérateurs doivent être les éducateurs de leurs
concitoyens ; ils doivent montrer *l'esprit d'égalité* en ou-
vrant les portes de leurs sociétés à tous, sans distinction
de classes ou d'opinions ; *l'esprit de liberté* en supportant
patiemment la contradiction ; *l'esprit de fraternité* en s'aidant mutuellement.

C'est à nous à démontrer dans nos associations que bourgeois et ouvriers peuvent marcher ensemble, s'aimer, se
respecter et se compléter.

Mais, pour qu'il n'y ait pas d'équivoque, nous devons déclarer aussi hautement que nous considérons comme les
pires ennemis de nos principes les bourgeois égoïstes et oi-
sifs et les ouvriers paresseux et envieux. Nous voulons
la paix sociale ; ils prêchent ou inspirent la haine des classes ; nous considérons l'humanité comme un seul corps
dont nous sommes tous membres, ils veulent retrancher

les membres les plus essentiels sans se douter, les insensés, qu'ils seront les premiers atteints.

L'œuvre de paix sociale poursuivie par les coopérateurs est assez belle pour attirer à eux tous les cœurs généreux.

Nous y convions tous les hommes de bonne volonté ; plus nous serons nombreux, plus nous serons forts pour combattre le paupérisme, l'ignorance, le charlatanisme, l'injustice, la barbarie, la persécution, et plus vite nous arriverons à cette paix internationale dont nous parlions en commençant.

Nous aurons bien des obstacles à vaincre pour arriver au but ; mais nous l'atteindrons si nous avons une foi complète dans nos principes.

Christophe Colomb, né à Gênes en 1441, était convaincu d'après des calculs qu'il avait faits, de l'existence d'une terre vers l'Ouest. Sa foi était si grande qu'il s'efforçait de gagner à ses convictions tous les hommes considérables auprès desquels il avait accès. Il les engageait à lui fournir l'argent nécessaire pour construire des navires qui lui permettraient de démontrer la vérité de ses assertions.

C'était une entreprise formidable à cette époque que d'entreprendre, pour la première fois, un voyage d'exploration à travers l'Océan Atlantique.

Après avoir fait des démarches à Gênes, à Lisbonne, en Angleterre, en Espagne, il obtint enfin, grâce à la reine Isabelle, trois petits bâtiments montés par 120 hommes et il partit le 3 août 1492 pour son aventureuse expédition.

Après trois semaines de navigation, après avoir surmonté d'immenses obstacles, presque arrivés au but, ceux qui s'étaient embarqués avec Christophe Colomb commencèrent à ne plus croire à la réalisation de ses promesses. Ils le menacèrent, s'il ne voulait retourner au port, de le jeter à la mer, convaincu qu'il était de les avoir conduits si loin pour les faire mourir !

Quelle foi dans la bonté de sa cause, quelle énergie ne faut-il pas avoir pour faire face à de telles difficultés, pour apaiser des hommes exaspérés et les engager à continuer le voyage !

Quelle ne dut pas être la joie de Christophe Colomb,

quand, vers minuit, le matelot qui se trouvait à bord de celui des trois navires qui avait l'avance sur les autres, s'écria : « une lumière ! une lumière ! je vois une lumière ! »

C'était la plage éclairée par la lune que les nuages cachaient jusqu'alors. C'était le nouveau monde !

Il s'agit pour nous d'aider nos concitoyens à atteindre ce monde où tous les hommes se considèrent comme des frères et s'aident entre eux, où les intérêts du capital et du travail sont identiques, où enfin, les nations, délivrées de toute oppression étrangère, mettent leur gloire à surpasser leurs rivales, en générosité, en science, en justice et en liberté.

Notre génération verra-t-elle ce nouveau monde ? Pas encore ! Mais c'est à nous, coopérateurs, de préparer le chemin qui doit y conduire les générations suivantes.

SOCIÉTÉ D'ÉCONOMIE POPULAIRE DE NIMES

Fondée en 1884.

RÈGLEMENT

ARTICLE PREMIER. — La Société d'Economie populaire a pour but d'unir dans des sentiments fraternels des citoyens de conditions diverses, et de leur permettre d'étudier ensemble les questions sociales.

ART. 2. — Les admissions sont prononcées par le Bureau après que le postulant a été présenté par deux membres de la Société.

ART. 3. — Les réunions ont lieu une fois par mois.

ART. 4. — Le Bureau de la Société est nommé pour un an, il est composé de : 1 président ; 4 vice-présidents ; 6 secrétaires ; 1 trésorier-archiviste (1).

(1) Chaque Société Coopérative de Nimes est représentée dans le Bureau.

Les membres du Bureau sont rééligibles.

Leur nomination a lieu au scrutin de liste ; un scrutin pour le président, un pour le reste du bureau. Au premier tour la majorité absolue est nécessaire, au deuxième tour la majorité relative.

Art. 5. — Les questions soumises à la discussion sont choisies par l'assemblée, un mois à l'avance. Un rapporteur est désigné pour introduire le sujet, son rapport ne doit pas se prolonger au delà de vingt minutes.

Art. 6. — Au début de chaque séance la correspondance est dépouillée, et le secrétaire rend compte très brièvement des nouvelles économiques du mois. Les rapports sont écrits et conservés aux archives.

Art. 7. — Toute personne non sociétaire qui veut prendre part à la discussion doit être présentée au président par un membre de la Société.

Art. 8. — Toute liberté est laissée aux orateurs pour exprimer leurs opinions, pourvu qu'ils se contentent de critiquer les idées ou les faits dans une forme parlementaire. En cas de violence de langage, le président a recours à un rappel à l'ordre ; si l'orateur ne tient pas compte des observations du président, celui-ci lève immédiatement la séance. Le Bureau statue ensuite sur l'incident et vote s'il y a lieu la radiation du sociétaire, ou l'interdiction de l'entrée de la salle des réunions au non sociétaire.

Art. 9. — Toute discussion politique ou religieuse est interdite.

Art. 10. — Le présent règlement délibéré et voté dans l'assemblée générale du 2 mars 1885, ne peut être modifié que par l'assemblée générale et sur la demande écrite et déposée un mois à l'avance, de vingt membres au moins de la Société.

BUT DE LA SOCIÉTÉ

La Société veut l'union de toutes les classes s'entr'aidant les unes les autres.

Elle espère y arriver par l'instruction économique et sociale, seul moyen de neutraliser les agissements des partisans de toutes les mesures violentes.

Cette instruction fera comprendre que les solutions lentes et pacifiques sont les seules durables et que les révolutions n'amènent que la ruine publique. Elle rappellera à leurs devoirs tous les égoïstes dont la vie est inutile à eux-mêmes et à leurs concitoyens.

Elle apprendra à traiter sérieusement les questions sérieuses, à ne plus se laisser prendre par tous ces discoureurs sans principe qui font croire à leur valeur propre par des mots et des phrases ronflantes, mais vides de sens.

La Société d'Economie populaire opposera une barrière infranchissable aux charlatans de tous les partis, mais ses portes seront ouvertes à tous les hommes de bonne foi qui cherchent la vérité, quelle que soit l'opinion à laquelle ils appartiennent.

Elle n'inscrira pas sur ses murs : Liberté, égalité, fraternité, mais elle tiendra à ce que ces trois mots soient profondément gravés dans les cœurs et mis en pratique.

En un mot, on devra apprendre chez elle à juger les hommes sur leurs actes et non sur leurs paroles, et les choses sur leurs résultats et non sur leurs étiquettes.

La Société d'Economie populaire, partant de ce principe que toutes les classes de la Société ont leurs préjugés, croit qu'ils ne peuvent disparaître que par la libre discussion des citoyens de toute dénomination.

Quand on prendra séance, ce ne sera pas en professeurs gourmés que l'on procédera, mais, au contraire, comme de vrais écoliers, des camarades qui se rendent à l'école mutuelle et qui veulent en revenir avec un peu de science pratique.

Il devra résulter de cet échange d'idées, de cette réunion de citoyens de conditions diverses, désireux de chercher la vérité, de faire le bien, une fraternité de bon aloi qui devra réagir sur notre cité.

Nîmes. — Typ. F. Chastanier, 12, Rue Pradier.

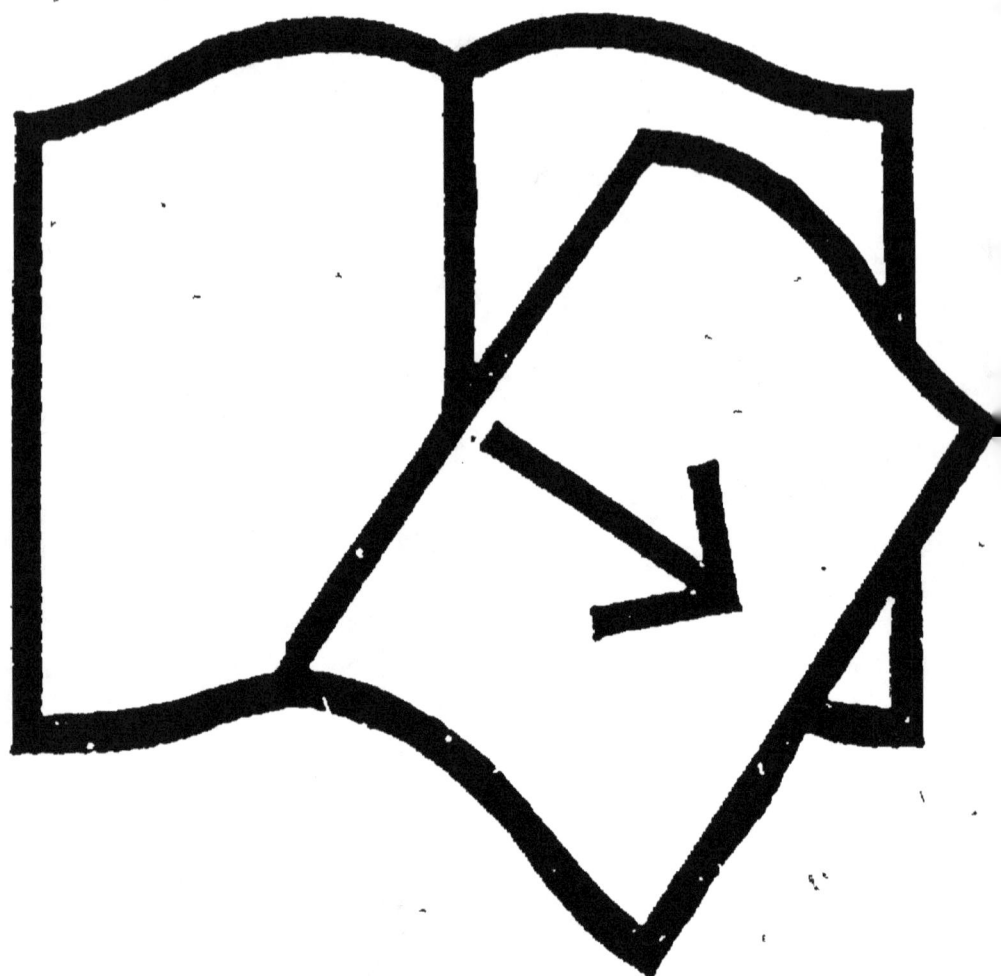

Documents manquants (pages, cahiers...)

NF Z 43-120-13

www.ingramcontent.com/pod-product-compliance
Lightning Source LLC
Chambersburg PA
CBHW052032270326
41931CB00012B/2464